胡适作品系列

胡适作品系列

怀人集

北京大学出版社
PEKING UNIVERSITY PRESS

图书在版编目（CIP）数据

怀人集/ 胡适著. —北京：北京大学出版社，2013.8

（胡适作品系列）

ISBN 978-7-301-22195-2

Ⅰ.①怀… Ⅱ.①胡… Ⅲ.①胡适（1891～1962）－文集 Ⅳ.①C52

中国版本图书馆 CIP 数据核字（2013）第 030434 号

书　　　　名	：怀人集
著作责任者	：胡　适　著
责 任 编 辑	：张文礼
标 准 书 号	：ISBN 978-7-301-22195-2/I·2597
出 版 发 行	：北京大学出版社
地　　　　址	：北京市海淀区成府路 205 号　100871
网　　　　址	：http://www.pup.cn　新浪官方微博：@北京大学出版社
电 子 信 箱	：pkuwsz@126.com
电　　　　话	：邮购部 62752015　发行部 62750672
	编辑部 62767315　出版部 62754962
印　　刷　者	：北京中科印刷有限公司
经　　销　者	：新华书店
	890 毫米×1240 毫米　32 开本　6.875 印张　126 千字
	2013 年 8 月第 1 版　2021 年 5 月第 4 次印刷
定　　　　价	：39.00 元

未经许可，不得以任何方式复制或抄袭本书之部分或全部内容。

版权所有，侵权必究

举报电话：010-62752024　电子信箱：fd@pup.pku.edu.cn

徐志摩送给胡适的照片。

1920年3月14日，胡适（左三）与蒋梦麟（左一）、蔡元培（左二）、李大钊（左四）游览北京西山卧佛寺时，四人的合影。

1924年5月,胡适与来华访问的印度诗人泰戈尔在汉学家钢和泰家中合影。
左起:泰戈尔秘书恩厚之、胡适、泰戈尔、钢和泰、Garreau。

蜜甜二十年，
人人都说好姻缘。
新娘欠我香二礼，
记得还时要利钱！

这是我五年前贺
元任韵卿的银婚纪念的小诗。
现在银日子变成金日子了。我想
赋一首新诗奉贺，五年远我
天在眼镜店与牙医公事房之
间往来，竟做不出诗来！只好
先把银婚诗写在这册子上，金
婚诗稍缓加利补足。 适之
一九四六，五，廿六

这是1946年胡适在赵元任、杨步伟夫妇的结婚纪念册上的题字。

1958年，胡适与毛子水在钱思亮宅前合影。照片上有胡适的亲笔说明。

胡适与吴大猷摄于南港住所前。

丁文江(1887-1936),胡适称丁文江为"欧化与中国化最深的中国人"。与胡适等合作创办《努力周报》,1932年出版《独立评论》。

傅斯年1947年6月送给胡适的照片。胡适以傅斯年为稀有的天才，既能做一流的研究，又最能办事，具有组织才干。

1914年,胡适在康奈尔大学,任鸿隽摄。胡适曾将这张照片先后送给母亲、妻子、族叔近仁、族兄观象等人。

胡适在这张寄给胡近仁的照片背后题字:"廿载忘年友 犹应念阿咸 奈何归雁返 不见故人缄 民国三年六月以室中读书图寄近仁 适之"。

1946年9月,胡适与傅斯年(左一)、胡祖望在北平。

赵元任指导女儿学琴。

出版说明

胡适是二十世纪中国最具国际声誉的学者、思想家和教育家。他在文、史、哲等学科都取得了巨大的成就,是"五四"以来影响中国文化学术最深的历史人物。他活跃于社会政治领域,是中国自由主义最具诠释力的思想家。胡适在北京大学从事教学工作长达十八年,曾任北京大学文学院院长、校长等职。他对北大情有独钟,遗嘱中交代将他留在大陆的书籍和文件捐赠给北大图书馆。为反映这位文化巨人一生博大精深的文化建树,本社在北大百年校庆的1998年曾隆重推出一套大型胡适作品集——《胡适文集》(12册),对所收作品均作了文字订正和校勘,其中有一部分作品,采用了胡适本人后来的校订本或北大的收藏本,具有很高的文献价值,受到学界和广大读者的欢迎。

因文集早已售缺,多年来,一直有要求重印的呼声。此次重印,此套书的编者欧阳哲生先生又精心做了许多工作,包括对照已出各种版本的优长,重核胡适本人原始和修订版的文字等,力求呈现最接近大师本人原意的文字面貌。为方便读者阅读,我们从《胡适文集》之中精选部分内容,另外推出"胡适作品系列"。

胡适是"传记文学"的极力提倡者,他不仅为自己敬仰的古代学者(如章实斋、戴东原、崔述)立传、编写年谱;而且留心纪录身边朋友的感人事迹,缅怀他们的不朽业绩,如徐志摩、丁文江、张伯苓、熊希龄、齐白石等。本书主要收录胡适纪念和回忆历史人物的文章。

由于所处环境不同,研究视角与方法不同,本书对某些具体问题的描述和解释,与通行说法有不尽相同之处,对这些说法,我们未作删改,这并不代表我们完全同意作者的说法,请读者在阅读时认真鉴别。本书的人名、地名、标点等,有的与现行用法不同,为保存原貌,亦未加修改。

限于编辑水平,难免存在错漏之处,欢迎读者多提宝贵意见。

北京大学出版社
2013年5月

目　录

追悼志摩　　　　　　　　　　　　　　　　/ 1
国府主席林森先生　　　　　　　　　　　　/ 13
追忆曾孟朴先生　　　　　　　　　　　　　/ 17
刘半农先生挽辞　　　　　　　　　　　　　/ 21
记辜鸿铭　　　　　　　　　　　　　　　　/ 22
海滨半日谈　　　　　　　　　　　　　　　/ 30
丁在君这个人　　　　　　　　　　　　　　/ 37
《傅孟真先生遗著》序　　　　　　　　　　/ 51
高梦旦先生小传　　　　　　　　　　　　　/ 55
张伯苓　　　　　　　　　　　　　　　　　/ 60
许怡荪传　　　　　　　　　　　　　　　　/ 69
李超传　　　　　　　　　　　　　　　　　/ 82
追想胡明复　　　　　　　　　　　　　　　/ 98
追念熊秉三先生　　　　　　　　　　　　　/ 107

记美国医学教育与大学教育的改造者弗勒斯纳先生	/ 112
怀念曾慕韩先生	/ 121
追忆太戈尔在中国	/ 123
兴登堡	/ 128
林琴南先生的白话诗	/ 138
《师门五年记》序	/ 146
《胡思永的遗诗》序	/ 150
介绍一本最值得读的自传	/ 158
《中年自述》序	/ 173
《施植之先生早年回忆录》序	/ 183
《王小航先生文存》序	/ 189
《小雨点》序	/ 193
先母行述（1873—1918）	/ 198

追悼志摩

> 悄悄的我走了,
>
> 正如我悄悄的来;
>
> 我挥一挥衣袖,
>
> 不带走一片云彩。
>
> （《再别康桥》）

志摩这一回真走了！可不是悄悄的走。在那淋漓的大雨里，在那迷蒙的大雾里，一个猛烈的大震动，三百匹马力的飞机碰在一座终古不动的山上，我们的朋友额上受了一个致命的撞伤，大概立刻失去了知觉，半空中起了一团大火，像天上陨了一颗大星似的直掉下地去。我们的志摩和他的两个同伴就死在那烈焰里了！

我们初得着他的死信，却不肯相信，都不信志摩这样一个可爱的人会死的这么惨酷。但在那几天的精神大震撼稍稍过去之后,我们忍不住要想,那样的死法也许只有志摩最配。我们不相信志摩会"悄悄的走了",也不忍想志摩会死一个"平凡的死",死在天空之中,大雨淋着,大雾笼罩着,大火焚烧着,那撞不倒的山头在旁边冷眼瞧着,我们新时代的新诗人,就是要自己挑一种死法,也挑不出更合式,更悲壮的了。

志摩走了,我们这个世界里被他带走了不少的云彩。他在我们这些朋友之中,真是一片最可爱的云彩,永远是温暖的颜色,永远是美的花样,永远是可爱。他常说:

我不知道风
是在那一个方向吹——

我们也不知道风是在那一个方向吹,可是狂风过去之后,我们的天空变惨淡了,变寂寞了,我们才感觉我们的天上的一片最可爱的云彩被狂风卷去了,永远不回来了!

这十几天里,常有朋友到家里来谈志摩,谈起来常常有人痛哭。在别处痛哭他的,一定还不少。志摩所以能使朋友这样哀念他,只是因为他的为人整个的只是一团同情心,只是一团爱。叶公超先生说,他对于任何人,任何事,从未有过绝对的怨恨,甚至于无意中都没有表示过一些憎嫉的神气。

陈通伯先生说,

尤其朋友里缺不了他。他是我们的连索,他是黏着性的,发酵性的。在这七八年中,国内文艺界里起了不少的风波,吵了不少的架,许多很熟的朋友往往弄的不能见面。但我没有听见有人怨恨过志摩。谁也不能抵抗志摩的同情心,谁也不能避开他的黏着性。他才是和事的无穷的同情,在我们老友中,他总是朋友中间的"连索"。他从没有疑心,他从不会妒忌。他使这些多疑善妒的人们十分惭愧,又十分羡慕。

他的一生真是爱的象征。爱是他的宗教,他的上帝。

> 我攀登了万仞的高冈,
> 荆棘扎烂了我的衣裳,
> 我向飘渺的云天外望——
> 上帝,我望不见你!
> …………

> 我在道旁见一个小孩：
> 活泼，秀丽，褴褛的衣衫；
> 他叫声"妈"，眼里亮着爱——
> 上帝，他眼里有你！
>
> （《他眼里有你》）

志摩今年在他的《猛虎集自序》里，曾说他的心境是"一个曾经有单纯信仰的流入怀疑的颓废"。这句话是他最好的自述。他的人生观真是一种"单纯信仰"，这里面只有三个大字：一个是爱，一个是自由，一个是美。他梦想这三个理想的条件能够会合在一个人生里，这是他的"单纯信仰"。他的一生的历史，只是他追求这个单纯信仰的实现的历史。

社会上对于他的行为，往往有不谅解的地方，都只因为社会上批评他的人不曾懂得志摩的"单纯信仰"的人生观。他的离婚和他的第二次结婚，是他一生最受社会严厉批评的两件事。现在志摩的棺已盖了，而社会上的议论还未定。但我们知道这两件事的人，都能明白，至少在志摩的方面，这两件事最可以代表志摩的单纯理想的追求。他万分诚恳的相信那两件事都是他实现那"美与爱与自由"的人生的正当步骤。这两件事的结果，在别人看来，似乎都不曾能够实现志摩的理想生活。但到了今日,我们还忍用成败来议论他吗?

我忍不住我的历史癖,今天我要引用一点神圣的历史材料,来说明志摩决心离婚时的心理。民国十一年三月,他正式向他的夫人提议离婚,他告诉她,他们不应该继续他们的没有爱情没有自由的结婚生活了,他提议"自由之偿还自由",他认为这是"彼此重见生命之曙光,不世之荣业"。他说:

> 故转夜为日,转地狱为天堂,直指顾间事矣。……真生命必自奋斗自求得来,真幸福亦必自奋斗自求得来,真恋爱亦必自奋斗自求得来!彼此前途无限,……彼此有改良社会之心,彼此有造福人类之心,其先自作榜样,勇决智断,彼此尊重人格,自由离婚,止绝苦痛,始兆幸福,皆在此矣。

这信里完全是青年的志摩的单纯的理想主义,他觉得那没有爱又没有自由的家庭是可以摧毁他们的人格的,所以他下了决心,要把自由偿还自由,要从自由求得他们的真生命,真幸福,真恋爱。

后来他回国了,婚是离了,而家庭和社会都不能谅解他。最奇怪的是他和他已离婚的夫人通信更勤,感情更好。社会上的人更不明白了。志摩是梁任公先生最爱护的学生,所以民国十二年任公先生曾写一封很恳切的信去劝他。在这信里,任公提出两点:

其一,万不容以他人之苦痛,易自己之快乐。弟之此举,其于弟将来之快乐能得与否,殆茫如捕风,然先已予多数人以无量之苦痛。

其二,恋爱神圣为今之少年所乐道。……兹事盖可遇而不可求。……况多情多感之人,其幻想起落鹘突,而得满足得宁帖也极难。所梦想之神圣境界恐终不可得,徒以烦恼终其身已耳。

任公又说:

呜呼志摩!天下岂有圆满之宇宙?……当知吾侪以不求圆满为生活态度,斯可以领略生活之妙味矣。……若沉迷于不可必得之梦境,挫折数次,生意尽矣,郁邑佗傺以死,死为无名。死犹可也,最可畏者,不死不生而堕落至不复能自拔。呜呼志摩,可无惧耶!可无惧耶!(十二年一月二日信)

任公一眼看透了志摩的行为是追求一种"梦想的神圣境界",他料到他必要失望,又怕他少年人受不起几次挫折,就会死,就会堕落。所以他以老师的资格警告他:"天下岂有圆满之宇宙?"

但这种反理想主义是志摩所不能承认的。他答复任公的信,第一不承认他是把他人的苦痛来换自己的快乐。他说:

> 我之甘冒世之不韪,竭全力以斗者,非特求免凶惨之苦痛,实求良心之安顿,求人格之确立,求灵魂之救度耳。
>
> 人谁不求庸德?人谁不安现成?人谁不畏艰险?然且有突围而出者,夫岂得已而然哉?

第二,他也承认恋爱是可遇而不可求的,但他不能不去追求。他说:

> 我将于茫茫人海中访我唯一灵魂之伴侣;得之,我幸;不得,我命,如此而已。

他又相信他的理想是可以创造培养出来的。他对任公说:

嗟夫吾师！我尝奋我灵魂之精髓，以凝成一理想之明珠，涵之以热满之心血，朗照我深奥之灵府。而庸俗忌之嫉之，辄欲麻木其灵魂，捣碎其理想，杀灭其希望，污毁其纯洁！我之不流入堕落，流入庸懦，流入卑污，其几亦微矣！

我今天发表这三封不曾发表过的信，因为这几封信最能表现那个单纯的理想主义者徐志摩。他深信理想的人生必须有爱，必须有自由，必须有美；他深信这种三位一体的人生是可以追求的，至少是可以用纯洁的心血培养出来的。——我们若从这个观点来观察志摩的一生，他这十年中的一切行为就全可以了解了。我还可以说，只有从这个观点上才可以了解志摩的行为；我们必须先认清了他的单纯信仰的人生观，方才认得清志摩的为人。

志摩最近几年的生活，他承认是失败。他有一首《生活》的诗，诗是暗惨的可怕：

阴沉，黑暗，毒蛇似的蜿蜒，
生活逼成了一条甬道：
一度陷入，你只可向前，
手扪索着冷壁的粘潮，

> 在妖魔的脏腑内挣扎,
>
> 头顶不见一线的天光,
>
> 这魂魄,在恐怖的压迫下,
>
> 除了消灭更有什么愿望?
>
> (十九年五月二十九日)

他的失败是一个单纯的理想主义者的失败。他的追求,使我们惭愧,因为我们的信心太小了,从不敢梦想他的梦想。他的失败,也应该使我们对他表示更深厚的恭敬与同情,因为偌大的世界之中,只有他有这信心,冒了绝大的危险,费了无数的麻烦,牺牲了一切平凡的安逸,牺牲了家庭的亲谊和人间的名誉,去追求,去试验一个"梦想之神圣境界",而终于免不了惨酷的失败,也不完全是他的人生观的失败。他的失败是因为他的信仰太单纯了,而这个现实世界太复杂了,他的单纯的信仰禁不起这个现实世界的摧毁;正如易卜生的诗剧 *Brand* 里的那个理想主义者,抱着他的理想,在人间处处碰钉子,碰的焦头烂额,失败而死。

然而我们的志摩"在这恐怖的压迫下",从不叫一声"我投降了"!他从不曾完全绝望,他从不曾绝对怨恨谁。他对我们说:

> 你们不能更多的责备。我觉得我已是满头的血水，能不低头已算是好的。（《猛虎集自序》）

是的，他不曾低头。他仍旧昂起头来做人；他仍旧是他那一团的同情心，一团的爱。我们看他替朋友做事，替团体做事，他总是仍旧那样热心，仍旧那样高兴。几年的挫折，失败，苦痛，似乎使他更成熟了，更可爱了。

他在苦痛之中，仍旧继续他的歌唱。他的诗作风也更成熟了。他所谓"初期的汹涌性"固然是没有了，作品也减少了；但是他的意境变深厚了，笔致变淡远了，技术和风格都更进步了。这是读《猛虎集》的人都能感觉到的。

志摩自己希望今年是他的"一个真的复活的机会"。他说：

> 抬起头居然又见到天了。眼睛睁开了，心也跟着开始了跳动。

我们一班朋友都替他高兴。他这几年来想用心血浇灌的花树也许是枯萎的了；但他的同情，他的鼓舞，早又在别的园地里种出了无数的可爱的小树，开出了无数可爱的鲜花。他自己的歌唱有一个时代是几乎消沉了；但他的歌声引起了他的园地外无数的歌喉,嘹亮的唱,哀怨的唱,美丽的唱。这都是他的安慰,都使他高兴。

谁也想不到在这个最有希望的复活时代,他竟丢了我们走了!他的《猛虎集》里有一首咏一只黄鹂的诗,现在重读了,好像他在那里描写他自己的死,和我们对他的死的悲哀:

等候他唱,我们静着望,
怕惊了他。但他一展翅,
冲破浓密,化一朵彩云:
他飞了,不见了,没了!!
像是春光,火焰,像是热情。

志摩这样一个可爱的人,真是一片春光,一团火焰,一腔热情。现在难道都完了?

决不!决不!志摩最爱他自己的一首小诗,题目叫做《偶然》,在他的《卞昆冈》剧本里,在那个可爱的孩子阿明临死时,那个瞎子弹着三弦,唱着这首诗:

我是天空里的一片云,
偶尔投影在你的波心——

你不必讶异,

　更无需欢喜——

在转瞬间消灭了踪影。

你我相逢在黑暗的海上,

你有你的,我有我的方向。

　你记得也好,

　最好你忘掉,

在这交会时互放的光亮!

　　朋友们,志摩是走了,但他投的影子会永远留在我们心里,他放的光亮也会永远留在人间,他不曾白来了一世。我们有了他做朋友,也可以安慰自己说不曾白来了一世。我们忘不了,和我们

　在那交会时互放的光亮!

二十年,十二月,三夜

(原载《新月》篇4卷篇1号,具体出版日期不详)

国府主席林森先生

本年的四中全会选举林森先生连任国民政府主席,全国舆论对这件事似乎很一致的表示满意。在这个只有攻击而很少赞扬的民族里,这样一致的赞同岂不是很可惊异的事吗?

我们考察各方舆论对林主席的赞许,总不外"恬退"两个字。"恬退"的褒语只可以表示国人看惯了争权攘利的风气,所以惊叹一个最高官吏的澹泊谦退,认为"模范"的行为。但这种估量,我们认为不够,——不够表示林森先生在中国现代政治制度史上的重大贡献。

林森先生的绝大功劳在于把"国府主席"的地位实行做到一个"虚位",而让行政院院长的地位抬高到实际行政首领的地位。今日的国府主席,最像法国的大总统;今日的行政院院长,颇像法国的国务总理与英国的首相。两年多以来的政治制度的大变迁，就是从两年前的主席制变成两年来的行政院长制。其重要性颇等于从一种总统制改成内阁制。改制的根据固然由于民国廿一年十二月三中全会之改制案，然而使这个新制度成为可能的事实，这不能不归功于林森先生之善于做主席。

三中全会改定政府组织，把行政院抬高，作为行政最高机关。这确是政治制度上的一大进步。但如果国府主席是一个不明大体而个性特别坚强的人，如果他不甘心做一个仅仅画诺的主席，那么，十几年前北京唱过的"府院之争"一幕戏还是不容易避免的。

林森主席是一个知大体的人，他明白廿一年底改制的意义是要一个法国总统式的国府主席，所以他从不肯和行政院长争政权。旧制下国民政府的文官处，主计处，参军处，都至今依然存在；但两年来的行政大权都移归行政院了。

去年我过南京时，一个部长告诉我一个很有趣味的故事。在新组织法之下，第一个政府是孙科的政府，不久就倒了。第二个政府，汪精卫的政府，成立之时正当淞沪南京都最受日本压迫时期。汪政府成立了一个多月，忽然有一天，一位部长说："我们就职了一个多月，还没有去正式参谒林主席哩！"这一句话提醒了全体"阁员"，于是汪院长派人去通知林主席，说明天上午汪院长要率领全体阁员去参见主席。

到了第二天，全体阁员到了林主席的公馆，到处寻不见林主席。主席不知往那儿去了！他们都感觉诧异，只好留下名片，惘然而返。到了下午，林主席去回拜，他们才知道林主席因为"不敢当参谒的大礼"，出门回避了！

这个故事至今在南京传为美谈。我们关心政治制度的人，也都曾认得这个故事是一桩有意义的美谈。我们试回想那两年前党政军合为一体的国府主席的地位，就可以明白林主席的谦退无为是有重大的历史意义的了。

两年前的国民政府组织法是最不合理的。那时一个部长的地位是很低的，各部之上有行政院，行政院是与其他四院平等的，五院的正副院长加上其他国府委员组成国民政府。二十一年底的改制，改行政院各部为政府，而国府主席成为虚君制，于是三级政府合为一级，而其他四院与行政院分开对立，为行政部之外监督协助行政的机关。这个改革与孙中山先生的五权宪法的原意似乎接近多了。而其中用无为的精神，在不知不觉之中使这个内阁制成为事实，使这个虚君主席制成为典型，乃是林森先生两年来的最大成绩。

我今年再到南京，又听见人说林主席的一件故事。两年前，他被选为国府主席之后，他自己去请他的同乡魏怀先生担任文官长的职务。林主席对他说："我只要你做到两个条件：第一，你不要荐人。第二，你最好是不见客。"这个故事也应该成为南京政治的美谈。这是有意的无为。若没有这种有意的无为，单有一个恬退的主席，也难保他的属吏不兴风作浪揽权干政，造成一个府院斗争的局面。

有个朋友从庐山回来，说起牯岭的路上有林主席捐造的石磴子，每条石磴上刻着"有姨太太的不许坐"八个字。这个故事颇使许多人感觉好笑。有人说："我若有姨太太，偏要坐坐看，有谁能站在旁边禁止我坐？"其实这也是林森先生的聪明过人处。你有姨太太，你尽管去坐，决没有警察干涉你。不过你坐下去了，心里总有点不舒服。林先生刻石的意思，也不过要你感觉到这一点不舒服罢了。他若大吹大擂的发起一个"不纳妾"的新生活运动，那就够不上做一个无为主义的政治家了。

二十三，三，三夜
（原载 1934 年 3 月 11 日《独立评论》第 91 号）

追忆曾孟朴先生

我在上海做学生的时代,正是东亚病夫的《孽海花》在《小说林》上陆续刊登的时候,我的哥哥绍之曾对我说这位作者就是曾孟朴先生。

隔了近二十年,我才有认识曾先生的机会,我那时在上海住家,曾先生正在发愿努力翻译法国文学大家嚣俄的戏剧全集。我们见面的次数很少,但他的谦逊虚心,他的奖掖的热心,他的勤奋工作都使我永永不能忘记。

我在民国六年七年之间,曾在《新青年》上和钱玄同先生通讯讨论中国新旧的小说,在那些讨论里我们当然提到《孽海花》,但我曾很老实的批评《孽海花》的短处。十年后我见着曾孟朴先生,他从不曾向我辩护此书,也不曾因此减少他待我的好意。

他对我的好意,和他对于我的文学革命主张的热烈的同情,都曾使我十分感动,他给我的信里曾有这样的话:"您本是……国故田园里培养成熟的强苗,在根本上,环境上,看透了文学有改革的必要,独能不顾一切,在遗传的重重罗网里杀出一条血路来,终究得到了多数的同情,引起了青年的狂热。我不佩服你别的,我只佩服你当初这种勇决的精神,比着托尔斯泰弃爵放农身殉主义的精神,有何多让!"这样热烈的同情,从一位自称"时代消磨了色彩的老文人"坦白的表述出来,如何能不使我又感动又感谢呢!

我们知道他这样的热情一部分是因为他要鼓励一个年轻的后辈,大部分是因为他自己也曾发过"文学狂",也曾发下宏愿要把外国文学的重要作品翻译成中国文,也曾有过"扩大我们文学的旧领域"的雄心。正因为他自己是一个梦想改革中国文学的老文人,所以他对于我们一班少年人都抱着热烈的同情,存着绝大的期望。

我最感谢的一件事是我们的短短交谊居然引起了他写给我的那封六千字的自叙传的长信(《胡适文存》三集,页一一二五——一一三八)。在那信里,他叙述他自己从光绪乙未(1895)开始学法文,到戊戌(1898)认识了陈季同将军,方才知道西洋文学的源流派别和重要作家的杰作。后来他开办了小说林和宏文馆书店,——我那时候每次走过棋盘街,总感觉这个书店的双名有点奇怪,——他告诉我们,他的原意是要"先就小说上做成个有统系的译述,逐渐推广范围,所以店名定了两个"。他又告诉我们,他曾劝林琴南先生用白话翻译外国的"重要名作",但林先生听不懂他的劝告,他说:"我在畏卢先生(林纾)身上不能满足我的希望后,从此便不愿和人再谈文学了。"他对于我们的文学革命论十分同情,正是因为我们的主张是比较能够"满足他的希望"的。

但是他的冷眼观察使他对于那个开创时期的新文学"总觉得不十分满足",他说:"我们在这新辟的文艺之园里巡游了一周,敢说一句话:精致的作品是发现了,只缺少了伟大。"这真是他的老眼无花,一针见血!他指出中国新文艺所以缺乏伟大,不外两个原因:一是懒惰,一是欲速。因为懒惰,所以多数少年作家只肯做那些"用力少而成功易"的小品文和短篇小说。因为欲速,所以他们"一开手便轻蔑了翻译,全力提倡创作"。他很严厉的对我们说:"现在要完成新文学的事业,非力防这两样毛病不可,欲除这两样毛病,非注重翻译不可。"他自己创办真美善书店,用意只是要替中国新文艺补偏救弊,要替它医病,要我们少年人看看他老人家的榜样,不可轻蔑翻译事业,应该努力"把世界已造成的作品,做培养我们创造的源泉"。

我们今日追悼这一位中国新文坛的老先觉,不要忘了他留给我们的遗训!

1933,9,11夜半,在上海新亚饭店
(原载1935年10月1日《宇宙风》第2期《纪念曾孟朴先生特刊》)

刘半农先生挽辞

守常惨死,独秀幽囚,新青年旧日同伙又少一个。

拼命精神,打油风趣,老朋友当中无人不念半农。

(原载1934年10月13日《国语周刊》第159期)

记辜鸿铭

民国十年十月十三夜,我的老同学王彦祖先生请法国汉学家戴弥微先生(Mon Demiéville)在他家中吃饭,陪客的有辜鸿铭先生,法国的□先生,徐墀先生,和我;还有几位,我记不得了。这一晚的谈话,我的日记里留有一个简单的记载,今天我翻看旧日记,想起辜鸿铭的死,想起那晚上的主人王彦祖也死了,想起十三年之中人事变迁的迅速,我心里颇有不少的感触。所以我根据我的旧日记,用记忆来补充它,写成这篇辜鸿铭的回忆。

辜鸿铭向来是反对我的主张的,曾经用英文在杂志上驳我;有一次为了我在《每周评论》上写的一段短文,他竟对我说,要在法庭控告我。然而在见面时,他对我总很客气。

这一晚他先到了王家,两位法国客人也到了;我进来和他握手时,他对那两位外国客说:Here comes my learned enemy! 大家都笑了。

入座之后，戴弥微的左边是辜鸿铭，右边是徐墀。大家正在喝酒吃菜，忽然辜鸿铭用手在戴弥微的背上一拍，说："先生，你可要小心！"戴先生吓了一跳，问他为什么，他说："因为你坐在辜疯子和徐颠子的中间！"大家听了，哄堂大笑，因为大家都知道，"Cranky Hsü"和"Crazy Ku"的两个绰号。

一会儿，他对我说："去年张少轩（张勋）过生日，我送了他一副对子，上联是'荷尽已无擎雨盖'，——下联是什么？"我当他是集句的对联，一时想不起好对句，只好问他，"想不出好对，你对的什么？"他说："下联是'菊残犹有傲霜枝'。"我也笑了。

他又问："你懂得这副对子的意思吗？"我说："'菊残犹有傲霜枝'当然是张大帅和你老先生的辫子了。'擎雨盖'是什么呢？"他说："是清朝的大帽。"我们又大笑。

他在席上大讲他最得意的安福国会选举时他卖票的故事，这个故事我听他亲口讲过好几次了，每回他总添上一点新花样，这也是老年人说往事的普通毛病。

安福部当权时，颁布了一个新的国会选举法，其中有一部分的参议员是须由一种中央通儒院票选的，凡国立大学教授，凡在国外大学得学位的，都有选举权。于是许多留学生有学士硕士博士文凭的，都有人来兜买。本人不必到场，自有人拿文凭去登记投票。据说当时的市价是每张文凭可卖二百元。兜买的人拿了文凭去，还可以变化发财。譬如一张文凭上的姓名是Wu Ting，第一次可报"武定"，第二次可报"丁武"，第三次可报"吴廷"，第四次可说是江浙方音的"丁和"。这样办法，原价二百元的，就可以卖八百元了。

辜鸿铭卖票的故事确是很有风趣的。他说：

□□□来运动我投他一票，我说：我的文凭早就丢了。他说："谁不认得你老人家？只要你亲自来投票，用不着文凭。"我说："人家卖两百块钱一票，我老辜至少要卖五百块。"他说："别人两百，你老人家三百。"我说："四百块，少一毛钱不来，还得先付现款，不要支票。"他要还价，我叫他滚出去。他只好说："四百块钱依你老人家。可是投票时务必请你到场。"

选举的前一天，□□□果然把四百元钞票和选举入场证都带来了，还再三叮嘱我明天务必到场。等他走了，我立刻出门，赶下午的快车到了天津，把四百块钱全报效在一个姑娘——你们都知道，她的名字叫一枝花——的身上了。两天工夫，钱花光了，我才回北京来。

□□□听说我回来了，赶到我家，大骂我无信义。我拿起一根棍子，指着那个留学生小政客，说："你瞎了眼睛，敢拿钱来买我！你也配讲信义！你给我滚出去！从今以后不要再上我门来！"

那小子看见我的棍子，真个乖乖的逃出去了。

说完了这个故事，他回过头来对我说：

你知道有句俗话："监生拜孔子，孔子吓一跳。"我上回听说□□□的孔教会要去祭孔子，我编了一首白话诗：
监生拜孔子，孔子吓一跳。
孔会拜孔子，孔子要上吊。
胡先生，我的白话诗好不好？"

一会儿，辜鸿铭指着那两位法国客人大发议论了。他说：

先生们，不要见怪，我要说你们法国人真有点不害羞，怎么把一个文学博士的名誉学位送给□□□！

□先生，你的□□报上还登出□□□的照片来，坐在一张书桌边，桌上堆着一大堆书，题做"□大总统著书之图！"呃，呃，真羞煞人！我老辜向来佩服你们贵国，——La belle France！现在真丢尽了你们的 La belle France 的脸了！你们要是送我老辜一个文学博士，也还不怎样丢人！可怜的班乐卫先生，他把博士学位送给□□□，呃？

那两位法国客人听了老辜的话，都很感觉不安，那位□□报的主笔尤其脸红耳赤，他不好不替他的政府辩护一两句。辜鸿铭不等他说完，就打断他的话，说："Monsieur，你别说了。有一个时候，我老辜得意的时候，你每天来看我，我开口说一句话，你就说：'辜先生，您等一等。'你就连忙摸出铅笔和日记本子来，我说一句，你就记一句，一个字也不肯放过。现在我老辜倒霉了，你的影子也不上我门上来了。"

那位法国记者，脸上更红了。我们的主人觉得空气太紧张了，只好提议，大家散坐。

上文说起辜鸿铭有一次要在法庭控告我，这件事我也应该补叙一笔。

在民国八年八月间，我在《每周评论》第三十三期登出了一段随感录：

〔辜鸿铭〕现在的人看见辜鸿铭拖着辫子，谈着"尊王大义"，一定以为他是向来顽固的。却不知辜鸿铭当初是最先剪辫子的人；当他壮年时，衙门里拜万寿，他坐着不动。后来人家谈革命了，他才把辫子留起来。辛亥革命时，他的辫子还没有养全，拖带着假发接的辫子，坐着马车乱跑，很出风头。这种心理很可研究。当初他是"立异以为高"，如今竟是"久假而不归"了。

这段话是高而谦先生告诉我的，我深信高而谦先生不说谎话，所以我登在报上。那一期出版的一天，是一个星期日，我在北京西车站同一个朋友吃晚饭。我忽然看见辜鸿铭先生同七八个人也在那里吃饭。我身边恰好带了一张《每周评论》，我就走过去，把报送给辜先生看。他看了一遍，对我说："这段记事不很确实。我告诉你我剪辫子的故事。我的父亲送我出洋时，把我托给一位苏格兰教士，请他照管我。但他对我说：现在我完全托了□先生，你什么事都应该听他的话。只有两件事我要叮嘱你：第一，你不可进耶稣教；第二，你不可剪辫子。我到了苏格兰，跟着我的保护人,过了许多时。每天出门,街上小孩子总跟着我叫喊:'瞧呵,支那人的猪尾巴!'我想着父亲的教训,忍着侮辱,终不敢剪辫。那个冬天,我的保护人往伦敦去了,有一天晚上我去拜望一个女朋友。这个女朋友很顽皮,她拿起我的辫子来赏玩,说中国人的头发真黑的可爱。我看她的头发也是浅黑的,我就说:'你要肯赏收,我就把辫子剪下来送给你。'她笑了;我就借了一把剪子,把我的辫子剪下来送了给她。这是我最初剪辫子的故事。可是拜万寿,我从来没有不拜的。"他说是指着同坐的几位老头子,"这几位都是我的老同事。你问他们,我可曾不拜万寿牌位?"

我向他道歉,仍回到我们的桌上。我远远的望见他把我的报纸传给同坐客人看。我们吃完了饭,我因为身边只带了这一份报,就走过去向他讨回那张报纸。大概那班客人说了一些挑拨的话,辜鸿铭站起来,把那张《每周评论》折成几叠,向衣袋里一插,正色对我说:"密斯忒胡,你在报上毁谤了我,你要在报上向我正式道歉。你若不道歉,我要向法庭控告你。"

我忍不住笑了。我说:"辜先生,你说的话是开我玩笑,还是恐吓我?你要是恐吓我,请你先去告状;我要等法庭判决了才向你正式道歉。"我说了,点点头,就走了。

后来他并没有实行他的恐吓。大半年后,有一次他见着我，我说："辜先生，你告我的状子进去了没有？"他正色说："胡先生，我向来看得起你；可是你那段文章实在写的不好！"

（原载 1935 年 8 月 11 日《大公报·文艺副刊》）

海滨半日谈

纪念田中玉将军

今天在《大公报》上看见"前山东督军兼省长田上将军韫山"的讣告,使我想起我和他的一段因缘,——一段很值得记载的因缘,所以我写这篇短文,供史家的参考。

廿四,十,十二夜

民国十三年的夏天,丁在君夫妇在北戴河租了一所房子歇夏,他们邀我去住,我很高兴的去住了一个月。在君和我都不会游水,我们每天在海边浮水,带着救生圈子洗海水浴,看着别人游泳;从海水里出来,躺在沙地上歇息,歇了一会赤脚走回去洗淡水澡。

有一天,我们正在海水里洗澡,忽然傍边一个大胡子扶住一个大救生圈,站在水里和我招呼。我仔细一认,原来那个满腮大胡子的胖子就是从前做过山东督军兼省长的田中玉将军。我到山东三次,两次在他做督军的时期,想不到这回在海水里相逢!

我们站在水里谈了几句话,我介绍他和在君相见。他问了我们住的地方,他说:"好极了!尊寓就在我家的背后,今天下午我就过来拜访你们两位,我还有点事要请教。"

那天下午,他真来了,带了两副他自己写的对联来送给我们。那时候的武人都爱写大字送人,偏偏我和在君都是最不会写字的"文人",所以我们都忍不住暗笑。可是,他一开口深谈,我和在君都不能不感觉他的诚恳,我们都很静肃的听他谈下去。他说:

> 我是这儿临榆县(山海关)的人。这几年来我自己在本地办了一个学堂,昨天学堂开学,我回去行开学礼。我对学生演讲,越讲越感慨起来了,我就对他们谈起我幼年到壮年的历史。我看那班学生未必懂得我说的话,未必能明白我的生平。我一肚子要说的话,说了又怕没人懂,心里好难过。隔了一天了,心里还和昨天一样,很想寻个懂得的人,对他说说我这肚子里憋着的一番话。今天在海边碰着两位先生,我心里快活极了,因为你们两位都是大学者,见多识广,必定能够懂我的话。

要是两位先生不讨厌，我想请两位先生听听我这段历史。

恰巧我和在君都是最喜欢看传记文学的；我们看田中玉先生那副神气，知道他真是有一肚子的话要说，并且知道他要说的话是真话，不会是编造出来的假话。我们都对他说我们极愿意听，请他讲下去。田中玉先生说：

我是中国第一个军官学堂毕业出来的。我为什么去学陆军呢？我不能学现在许多陆军老朋友开口就说"本人自束发受书以来，即慕拿破仑华盛顿之为人"。不瞒两位先生说，我当时去学陆军，也不是为救国，也不是因为要做一个大英雄，我为的是贪图讲武堂每人每月有三两四钱银子的膏火。我的父亲刚死了，我是长子，上有祖母和母亲，下有弟妹。我要养家，要那每月三两四钱银子来养活我一家，所以我考进了那个军官学堂。

进了学堂之后，我很用功，每回考的都好。学堂的规矩，考在前三名的有奖赏，第一名奖的最多；连着三次考第一的，还有特别加奖。我因为贪得奖金去养家，所以比别人格外用功。八次大考，我考了七次第一。我得的奖金最多，所以一家人很得我的帮忙，学堂里的老师也都夸我的功课好。

毕业时，我的成绩全学堂第一。老师都说："田中玉，你的功课太好了，我们总得给你找顶好的差使。"可是顶好的差使总不见来，眼看见考在我下首的同学一个个都派了事出去了。只有我没有门路，还在那儿候差使。

学堂里有一位德国老师，名叫萨尔，他最看重我，又知道我是穷人，要等着钱养活一家子，如今毕了业，没得奖金可拿了，他就叫我帮他改算学卷子，每月给我几十吊钱捎回去养家。

不多时，萨尔被袁世凯调到小站去做教练官了，他才把我荐去。我到了小站，自己禀明，不愿做营长，情愿先做队长，因为我要从底下做起，可以多懂得兵卒的情形。后来我慢慢的升上去，很得着上司的信任，袁世凯派我专管军械的事务。

这时候，我的恩师萨尔已不在袁世凯手下了。有三家德国军械公司连合起来，聘萨尔做代表，专做中国新军的军火买卖。

有一天，萨尔老师代表军械公司来看我，说："好极了，田中玉，你办军火，我卖军火，我们可以给你最便宜的价钱。"

我对我的恩师说："老师要做我这边的买卖，要依我一件事。我是直隶省临榆县人。国家练新军，直隶省负担最重，钱粮票上每一两银子附加到一块钱。我现在有机会给国家采办军火，我总想替国家省钱；替国家省一个钱，就是替我们直隶老百姓省一个钱。现在难得老师来做军火买卖，我盼望老师相信我这点意思。向来承办军火的官员都有经手钱，数目很不小。我要老师依我一件事：不但价钱要比谁家都便宜，还要请老师把我名下的经手费全都扣去。我不要一文钱的中饱，这笔经手费也得从价钱里再减去。老师要能依我的话，我一定专和老师代理的公司做买卖。"

萨尔答应回去商量。过了几天，他又来了，他说："田中玉，我商量过了。我们决定给你最低的价钱，比无论谁家都便宜。但是你的经手费不能扣，因为你田中玉能够做多少年的军械总办？万一你走了，别人接下去，他要经手费，我们当然得给他。给了他，那笔钱出在那儿呢？要加在价钱里，价钱就比我们给你的价钱贵了，他就干不下去了。要是不打在价钱里，我们就得贴钱了。所以这个例是开不得的。况且你是没有钱的人，这笔经手费是人人都照例拿的，你拿了不算是昧良心。"

我对我的老师说："不行。老师不依我，我只好向别家商人办军火去。"萨尔说，等他回去再商量看。

过了一天他又来了。他竖起大拇指,对我说:"田中玉,我得着你这个学生,总算不枉了我在中国教了多少年书。我佩服你的爱国心,我回去商量过了:现在我们不但尊重你的意思,把你的经手钱扣去,我自己的经手费也不要了,也从价钱里扣去。所以我们现在给你的价钱是最低的价钱,再减去你我两个人的经手费。我要你的国家加倍得着你的爱国心的功效!"

我感激我的恩师极了,差不多掉下眼泪来。从此我们两个人做了多年的军火买卖。因为我买的军械的确最便宜,最省钱,所以我在北洋办军械最长久。我管军械采办的事,前后近□年,至少替国家省去了一千万元的经费。

这是田中玉将军在北戴河的西山对我们说的故事。我和丁在君静听他叙述,心里都很感动。我们相信他说的是一段真实的故事。这是他生平最得意的一段历史,他晚年回想起来,觉得这是值得向一班少年人叙说的,值得少年人记念效法的。所以他前一天在他自己出钱办的田氏中学里,忍不住把这个故事说给那班青年学生听。他隔了一天,还不曾脱离那个追忆的心境,还觉得不曾说的痛快,还想寻一个两个有同情心的朋友再诉说一遍。他在那海上白浪里忽然瞧见了我,他虽然未必知道我的历史癖,更未必知道我的传记癖,他只觉得我是一个有同情心的人,至少能够了解他这段历史的意义。所以他抓住了我们不肯放,要我们做他的听众,听他眉飞色舞的演说他这一段最光荣的历史。

我们当时都说这个故事应该记下来。可惜我们后来都不曾记载。今年我的学生马逢瑞先生要到田氏中学去代课,我还请他留意,若有机会时,可以请田先生自己写一篇自传。我的口信不知道寄到了没有,他的自传也不知道写了没有。如今田先生已作了古人,我想起了那个海边半日的谈话,不愿意埋没了这一个很美的故事,也不愿意孤负了他那天把这个故事付托给我的一点微意,所以从记忆里写出这篇短文来。

(原载1935年10月20日《独立评论》第173号)

丁在君这个人

傅孟真先生的《我所认识的丁文江先生》,是一篇很伟大的文章,只有在君当得起这样一篇好文章。孟真说:

> 我以为在君确是新时代最良善最有用的中国人之代表;他是欧化中国过程中产生的最高的菁华;他是用科学知识作燃料的大马力机器;他是抹杀主观,为学术为社会为国家服务者,为公众之进步及幸福而服务者。

这都是最确切的评论。这里只有"抹杀主观"四个字也许要引起他的朋友的误会。在君是主观很强的人,不过孟真的意思似乎只是说他"抹杀私意","抹杀个人的利害"。意志坚强的人都不能没有主观,但主观是和私意私利绝不相同的。王文伯先生曾送在君一个绰号,叫做the conclusionist.

可译做"一个结论家"。这就是说，在君遇事总有他的"结论"，并且往往不放松他的"结论"。一个人对于一件事的"结论"多少总带点主观的成分，意志力强的人带的主观成分也往往比较一般人要多些。这全靠理智的训练深浅来调剂。在君的主观见解是很强的，不过他受的科学训练较深，所以他在立身行道的大关节目上终不愧是一个科学时代的最高产儿。而他的意志的坚强又使他忠于自己的信念，知了就不放松，就决心去行，所以成为一个最有动力的现代领袖。

在君从小不喜欢吃海味，所以他一生不吃鱼翅鲍鱼海参。我常笑问他：这有什么科学的根据？他说不出来，但他终不破戒。但是他有一次在贵州内地旅行，到了一处地方，他和他的跟人都病倒了。本地没有西医，在君是绝对不信中医的，所以他无论如何不肯请中医诊治，他打电报到贵阳去请西医，必须等贵阳的医生赶到了他才肯吃药。医生还没的赶到，跟他的人已病死了，人都劝在君先服中药，他终不肯破戒。我知道他终身不曾请教过中医，正如他终身不肯拿政府干薪，终身不肯因私事旅行借用免票坐火车一样的坚决。

我常说，在君是一个欧化最深的中国人，是一个科学化最深的中国人。在这一点根本立场上，眼中人物真没有一个人能比上他。这也许是因为他十五岁就出洋，很早就受了英国人生活习惯的影响的缘故。他的生活最有规则：睡眠必须八小时，起居饮食最讲究卫生，在外面饭馆里吃饭必须用开水洗杯筷；他不喝酒，常用酒来洗筷子；夏天家中吃无皮的水果，必须的滚水里浸二十秒钟。他最恨奢侈，但他最注重生活的舒适和休息的重要：差不多每年总要寻一个歇夏的地方，很费事的布置他全家去避暑；这是大半为他的多病的夫人安排的，但自己也必须去住一个月以上；他的弟弟，侄儿，内侄女，都往往同去，有时还邀朋友去同住。他绝对服从医生的劝告：他早年有脚痒病，医生说赤脚最有效，他就终身穿有多孔的皮鞋，在家常赤脚，在熟朋友家中也常脱袜子，光着脚谈天，所以他自称"赤脚大仙"。他吸雪茄烟有二十年了，前年他脚指有点发麻，医生劝他戒烟，他立刻就戒绝了。这种生活习惯都是科学化的习惯；别人偶一为之，不久就感觉不方便，或怕人讥笑，就抛弃了。在君终身奉行，从不顾社会的骇怪。

他的立身行己，也都是科学化的，代表欧化的最高层。他最恨人说谎，最恨人懒惰，最恨人滥举债，最恨贪污。他所谓"贪污"，包括拿干薪，用私人，滥发荐书，用公家免票来做私家旅行，用公家信笺来写私信，等等。他接受淞沪总办之职时，我正和他同住在上海客利饭店，我看见他每天接到不少的荐书。他叫一个书记把这些荐信都分类归档,他就职后,需要用某项人时,写信通知有荐信的人定期来受考试,考试及格了,他都雇用;不及格的,他一一通知他们的原荐人。他写信最勤,常怪我案上堆积无数未复的信。他说:"我平均写一封信费三分钟,字是潦草的,但朋友接着我的回信了。你写信起码要半点钟,结果是没有工夫写信。"蔡子民先生说在君"案无留牍",这也是他的欧化的精神。

罗文干先生常笑在君看钱太重,有寒伧气。其实这正是他的小心谨慎之处。他用钱从来不敢超过他的收入,所以能终身不欠债,所以能终身不仰面求人,所以能终身保持一个独立的清白之身。他有时和朋友打牌,总把输赢看得很重,他手里有好牌时,手心常出汗,我们常取笑他,说摸他的手心可以知道他的牌。罗文干先生是富家子弟出身,所以更笑他寒伧。及今思之,在君自从留学回来,担负一个大家庭的求学经费,有时候每年担负到三千元之多,超过他的收入的一半,但他从无怨言,也从不欠债;宁可抛弃他的学术生活去替人办煤矿,他不肯用一个不正当的钱;这正是他的严格的科学化的生活规律不可及之处;我们嘲笑他,其实是我们穷书生而有阔少爷的脾气,真不配批评他。

在君的私生活和他的政治生活是一致的。他的私生活的小心谨慎就是他的政治生活的预备。民国十一年,他在《努

力周报》第七期上(署名"宗淹")曾说,我们若想将来做政治生活,应做这几种预备:

第一,是要保存我们"好人"的资格。消极的讲,就是不要"作为无益";积极的讲,是躬行克己,把责备人家的事从我们自己做起。

第二,是要做有职业的人,并且增加我们职业上的能力。

第三,是设法使得我们的生活程度不要增高。

第四,就我们认识的朋友,结合四五个人,八九个人的小团体,试做政治生活的具体预备。

看前面的三条,就可以知道在君处处把私生活看作政治生活的修养。民国十一年他和我们几个人组织"努力",我们的社员有两个标准:一是要有操守,二是要在自己的职业上站得住。他最恨那些靠政治吃饭的政客。他当时有一句名言:"我们是救火的,不是趁火打劫的。"(《努力》第六期)他做淞沪总办时,一面整顿税收,一面采用最新式的簿记会计制度。他是第一个中国大官卸职时半天办完交代的手续的。

在君的个人生活和家庭生活,孟真说他"真是一位理学大儒"。在君如果死而有知,他读了这句赞语定要大生气的!他幼年时代也曾读过宋明理学书,但他早年出洋以后,最得力的是达尔文、赫胥黎一流科学家的实事求是的精神训练。他自己曾说：

> 科学……是教育同修养最好的工具。因为天天求真理，时时想破除成见，不但使学科学的人有求真理的能力，而且有爱真理的诚心。无论遇见什么事，都能平心静气去分析研究，从复杂中求简单，从紊乱中求秩序；拿论理来训练他的意想，而意想力愈增；用经验来指示他的直觉，而直觉力愈活。了然于宇宙生物心理种种的关系，才能够真知道生活的乐趣。这种活泼泼地心境，只有拿望远镜仰察过天空的虚漠，用显微镜俯视过生物的幽微的人，方能参领的透彻，又岂是枯坐谈禅妄言玄理的人所能梦见？（《努力》第四十九期，《玄学与科学》）

这一段很美的文字，最可以代表在君理想中的科学训练的人生观。他最不相信中国有所谓"精神文明"，更不佩服张君劢先生说的"自孔孟以至宋元明之理学家侧重内生活之修养，其结果为精神文明"。民国十二年四月中在君发起"科学与玄学"的论战，他的动机其实只是要打倒那时候"中外合璧式的玄学"之下的精神文明论。他曾套顾亭林的话来骂当日一班玄学崇拜者：

> 今之君子，欲速成以名于世，语之以科学，则不愿学，语之以柏格森杜里舒之玄学，则欣然矣，以其袭而取之易也。（同上）

这一场的论战现在早已被人们忘记了，因为柏格森杜里舒的玄学又早已被一批更时髦的新玄学"取而代之"了。然而我们在十三四年后回想那一场论战的发难者，他终身为科学戮力，终身奉行他的科学的人生观，运用理智为人类求真理，充满着热心为多数谋福利，最后在寻求知识的工作途中，歌唱着"为语麻姑桥下水，出山要比在山清"，悠然的死了，——这样的一个人，不是东方的内心修养的理学所能产生的。

丁在君一生最被人误会的是他在民国十五年的政治生活。孟真在他的长文里，叙述他在淞沪总办任内的功绩，立论最公平。他那个时期的文电，现在都还保存在一个好朋友的家里，将来作他传记的人（孟真和我都有这种野心）必定可以有详细公道的记载给世人看，我们此时可以不谈。我现在要指出的，只是在君的政治兴趣。十年前，他常说："我家里没有活过五十岁的，我现在快四十年了，应该趁早替国家做点事。"这是他的科学迷信,我们常常笑他。其实他对政治是素来有极深的兴趣的。他是一个有干才的人,绝不像我们书生放下了笔杆就无事可办,所以他很自信有替国家做事的能力。他在民国十二年有一篇《少数人的责任》的讲演(《努力》第六十七期),最可以表示他对于政治的自信力和负责任的态度。他开篇就说:

> 我们中国政治的混乱,不是因为国民程度幼稚,不是因为政客官僚腐败,不是因为武人军阀专横;是因为"少数人"没有责任心,而且没有负责任的能力。

他很大胆的说:

> 中年以上的人,不久是要死的;来替代他们的青年,所受的教育,所处的境遇,都是同从前不同的。只要有几个人,有不折不回的决心,拔山蹈海的勇气,不但有知识而且有能力,不但有道德而且要做事业,风气一开,精神就要一变。

他又说:

> 只要有少数里面的少数,优秀里面的优秀,不肯束手待毙,天下事不怕没有办法的。……最可怕的是一种有知识有道德的人不肯向政治上去努力。

他又告诉我们四条下手的方法,其中第四条最可注意:他说:

> 要认定了政治是我们唯一的目的,改良政治是我们唯一的义务。不要再上人家当,说改良政治要从实业教育着手。

这是在君的政治信念。他相信,政治不良,一切实业教育都办不好。所以他要我们少数人挑起改良政治的担子来。

然而在君究竟是英国自由教育的产儿,他的科学训练使他不能相信一切破坏的革命的方式。他曾说:

> 我们是救火的,不是趁火打劫的。

其实他的意思是要说,

> 我们是来救火的,不是来放火的。

照他的教育训练看来，用暴力的革命总不免是"放火"，更不免要容纳无数"趁火打劫"的人。所以他只能期待"少数里的少数，优秀里的优秀"起来担负改良政治的责任，而不能提倡那放火式的大革命。

然而民国十五六年之间，放火式的革命到底来了，并且风靡了全国。在那个革命大潮流里，改良主义者的丁在君当然成了罪人了。在那个时代，在君曾对我说："许子将说曹孟德可以做'治世之能臣，乱世之奸雄'；我们这班人恐怕只可以做'治世之能臣，乱世之饭桶'罢！"

这句自嘲的话，也正是在君自赞的话。他毕竟自信是"治世之能臣"。他不是革命的材料，但他所办的事，无一事不能办的顶好。他办一个地质研究班，就可以造出许多奠定地质学的台柱子；他办一个地质调查所，就能在极困难的环境之下造成一个全世界知名的科学研究中心；他做了不到一年的上海总办，就能建立起一个大上海市的政治、财政、公共卫生的现代式基础；他做了一年半的中央研究院的总干事，就把这个全国最大的科学研究机关重新建立在一个合理而持久的基础之上。他这二十多年的建设成绩是不愧负他的科学训练的。

在君的为人是最可敬爱、最可亲爱的。他的奇怪的眼光，他的虬起的德国威廉皇帝式的胡子，都使小孩子和女人见了害怕。他对不喜欢的人，总得斜着头，从眼镜的上边看他，眼睛露出白珠多，黑珠少，怪可嫌的！我曾对他说："从前史书上说阮籍能作青白眼，我向来不懂得；自从认得了你，我才明白了'白眼对人'是怎样一回事！"他听了大笑。其实同他熟了，我们都只觉得他是一个最和蔼慈祥的人。他自己没有儿女，所以他最喜欢小孩子，最爱同小孩子玩，有时候他伏在地上作马给他们骑。他对朋友最热心，待朋友如同自己的弟兄儿女一样。他认得我不久之后，有一次他看见我喝醉了酒，他十分不放心，不但劝我戒酒，还从《尝试集》里挑了我的几句戒酒诗，请梁任公先生写在扇子上送给我。(可惜这把扇子丢了！)十多年前，我病了两年，他说我的家庭生活太不舒适，硬逼我们搬家；他自己替我们看定了一所房子，我的夫人嫌每月八十元的房租太贵，那时我不在北京，在君和房主说妥，每月向我的夫人收七十元，他自己代我垫付十元！这样热心爱管闲事的朋友是世间很少见的。他不但这样待我，他待老辈朋友，如梁任公先生，如葛利普先生，都是这样亲切的爱护，把他们当作他最心爱的小孩子看待！

他对于青年学生，也是这样的热心：有过必规劝，有成绩则赞不绝口。民国十八年，我回到北平，第一天在一个宴会上遇见在君，他第一句话就说："你来，你来，我给你介绍赵亚曾！这是我们地质学古生物学新出的一个天才,今年得地质奖学金的!"他那时脸上的高兴快乐是使我很感动的。后来赵亚曾先生在云南被土匪打死了,在君哭了许多次,到处为他出力征募抚恤金。他自己担任亚曾的儿子的教育责任,暑假带他同去歇夏,自己督责他补功课;他南迁后,把他也带到南京转学,使他可以时常督教他。

在君是个科学家,但他很有文学天才;他写古文白话文都是很好的。他写的英文可算是中国人之中的一把高手,比许多学英国文学的人高明的多多。他也爱读英法文学书;凡是罗素、威尔士、J. M. Keynes的新著作,他都全购读。他早年喜欢写中国律诗,近年听了我的劝告,他不作律诗了,有时还作绝句小诗,也都清丽可喜。朱经农先生的纪念文里有在君得病前一日的《衡山纪游诗》四首,其中至少有两首是很好的。他去年在莫干山做了一首骂竹子的五言诗,被林语堂先生登在《宇宙风》上,是大家知道的。民国二十年,他在秦王岛避暑,有一天去游北戴河,作了两首怀我的诗,其中一首云:

峰头各采山花戴,海上同看明月生;
此乐如今七寒暑,问君何日践新盟。

后来我去秦王岛住了十天,临别时在君用元微之送白乐天的诗韵作了两首诗送我:

留君至再君休怪,十日留连别更难。
从此听涛深夜坐,海天漠漠不成欢!

逢君每觉青来眼,顾我而今白到须。
此别原知旬日事,小儿女态未能无。

这三首诗都可以表现他待朋友的情谊之厚。今年他死后,我重翻我的旧日记,重读这几首诗,真有不堪回忆之感,我也用元微之的原韵,写了这两首诗纪念他:

明知一死了百愿,无奈余哀欲绝难!
高谈看月听涛坐,从此终生无此欢!

爱憎能作青白眼,妩媚不嫌虬怒须。
捧出心肝待朋友,如此风流一代无。

这样一个朋友,这样一个人,是不会死的。他的工作,他的影响,他的流风遗韵,是永永留在许多后死的朋友的心里的。

廿五,二,九夜

(原载1936年2月16日《独立评论》第188号《纪念丁文江先生纪念专号》)

《傅孟真先生遗著》序

傅孟真先生的遗著共分三编。上编是他做学生时代的文字,其中绝大部分是他在《新潮》杂志上发表的文字;其中最后一部分是他在欧洲留学时期写给顾颉刚先生讨论古史的通信。中编是他的学术论著,共分七组:从甲到戊,是他在中山大学、北京大学的讲义残稿;己组是他的专著《性命古训辩证》;庚组是他的学术论文集。下编是他最后十几年(民国二十一年到三十九年)发表的时事评论。

孟真曾说:

> 每一书保存的原料越多越好,修理的越整齐越糟。

(中编丁,页40。)

这一部遗集的编辑,特别注重原料的保存,从他做学生时期的文字，到他在台湾大学校长任内讨论教育问题的文字，凡此时能搜集到的，都保存在这里。这里最缺乏的是孟真一生同亲属朋友往来的通信。这一部遗著，加上将来必须搜集保存的通信，——他给亲属朋友的，亲属朋友给他的，——就是这个天才最高、最可敬爱的人的全部传记材料了。

孟真是人间一个最稀有的天才。他的记忆力最强，理解力也最强。他能做最细密的绣花针工夫，他又有最大胆的大刀阔斧本领。他是最能做学问的学人，同时他又是最能办事、最有组织才干的天生领袖人物。他的情感是最有热力，往往带有爆炸性的；同时他又是最温柔、最富于理智、最有条理的一个可爱可亲的人。这都是人世最难得合并在一个人身上的才性，而我们的孟真确能一身兼有这些最难兼有的品性与才能。

孟真离开我们已两年了，但我们在这部遗集里还可以深深的感觉到他的才气纵横，感觉到他的心思细密；感觉到他骂人的火气，也感觉到他爱朋友，了解朋友，鼓励朋友的真挚亲切。民国十五年，孟真同我在巴黎相聚了几天。有一天，他大骂丁在君，他说："我若见了丁文江，一定要杀他！"后来我在北京介绍他认识在君，我笑着对他说："这就是你当年要杀的丁文江！"不久他们成了互相爱敬的好朋友。我现在重读孟真的《我所认识的丁文江先生》同《丁文江一个人物的几片光彩》,我回想到那年在君在长沙病危,孟真从北平赶去看护他的情状。我想念这两位最可爱,最有光彩的亡友,真忍不住热泪落在这纸上了。

孟真这部遗集里,最有永久价值的学术论著是在中编的庚组。这二十多篇里,有许多继往开来的大文章。孟真在《历史语言研究所工作之旨趣》(中编庚,页169—182)里,给他一生精力专注的研究机构定下了三条宗旨:

(1)凡能直接研究材料,便进步;凡间接的研究前人所研究或前人所创造的系统,而不能丰富细密的参照所包含的事实,便退步。

(2)凡一种学问能扩张他研究的材料,便进步;不能的,便退步。

(3)凡一种学问能扩充他作研究时应用的工具的,便进步;不能的,便退步。

但他在《史学方法导论》(中编丁,页1—53)里,曾指出:

直接材料每每残缺,每每偏于小事。(若)不靠较为普遍、略具系统的间接材料先作说明,何从了解这一件直接材料?(页5)若是我们不先对于间接材料有一番细工夫，这些直接材料之意义和位置，是不知道的。不知道，则无从使用（页5）。

我们要能得到前人所得不到的史料，然后可以超越前人。我们要能使用新得材料于遗传材料之上，然后可以超越同见这材料的同时人（页6）。

孟真的庚组里许多大文章都是真能做到他自己标举出来的理想境界的。试看他的《新获卜辞写本后记跋》（中编庚，页192—235），他看了董彦堂先生新得的两块卜辞，两片一共只有五个字，他就能推想到两个古史大问题——楚之先世，殷周之关系——都可以从这两片五个残字上得到重要的证实。这种大文章，真是"能使用新的材料于遗传材料之上"；真是能"先对于间接材料有一番细工夫"，然后能确切了解新得的直接材料的"意义和位置"。所以我们承认这一类的文字是继往开来的大文章。

我们重读孟真这些最有光彩的学术论著，更不能不为国家，为学术，怀念痛惜这一位能继往开来的伟大学人！

胡适　1952年12月10日晨四时

（原载1952年12月20日《台湾大学校刊》第194期。又收入《傅孟真先生集》，1952年12月台湾大学出版）

高梦旦先生小传

民国十年的春末夏初,高梦旦先生从上海到北京来看我。他说,他现在决定辞去商务印书馆编译所所长的事,他希望我肯去做他的继任者。他说:"北京大学固然重要,我们总希望你不会看不起商务印书馆的事业。我们的意思确是十分诚恳的。"

那时我还不满三十岁,高先生已是五十多岁的人了。他的谈话很诚恳,我很受感动。我对他说:"我决不会看不起商务印书馆的工作。一个支配几千万儿童的知识思想的机关,当然比北京大学重要多了。我所虑的只是怕我自己干不了这件事。"当时我答应他夏天到上海商务印书馆去住一两个月,看看里面的工作,并且看看我自己配不配接受高先生的付托。

那年暑假期中,我在上海住了四十五天,天天到商务印书馆编译所去,高先生每天他把编译所各部分的工作指示给我看,把所中的同事介绍和我谈话。每天他家中送饭来,我若没有外面的约会,总是和他同吃午饭。

我知道他和馆中的老辈张菊生先生、鲍咸昌先生、李拔可先生,对我的意思都很诚恳。但是我研究的结果,我始终承认我的性情和训练都不配做这件事。我很诚恳的辞谢了高先生。他问我意中有谁可任这事。我推荐王云五先生,并且介绍他和馆中各位老辈相见。他们会见了两次之后,我就回北京去了。

我走后,高先生就请王云五先生每天到编译所去,把所中的工作指示给他看,和他从前指示给我看一样。一个月之后,高先生就辞去了编译所所长,请王先生继他的任,他自己退居出版部部长,尽心尽力的襄助王先生做改革的事业。

民国十九年,王云五先生做了商务印书馆的总理。民国二十一年一月,商务印书馆的闸北各厂都被日本军队烧毁了。兵祸稍定,王先生决心要做恢复的工作。高先生和张菊生先生本来都已退休了,当那危急的时期,他们每天都到馆中来襄助王先生办事。两年之中,王先生苦心硬干,就做到了恢复商务印书馆的奇迹。

我特别记载这个故事,因为我觉得这是一件美谈。王云五先生是我的教师,又是我的朋友,我推荐他自代,这并不足奇怪。最难能的是高梦旦先生和馆中几位老辈,他们看中了一个少年书生,就要把他们毕生经营的事业付托给他。后来又听信这个少年人几句话,就把这件重要的事业付托给了一个他们平素不相识的人。这是老成人为一件大事业求付托的人的苦心,是大政治家谋国的风度。这是值得大书深刻,留给世人思念的。

高梦旦先生,福建长乐县人,原名凤谦,晚年只用他的表字"梦旦"为名。"梦旦"是在梦梦长夜里想望晨光的到来,最足以表现他一生追求光明的理想。他早年自号"崇有",取晋人裴頠崇有论之旨,也最可以表现他一生崇尚实事痛恨清谈的精神。

因为他期望光明,所以他最能欣赏也最能了解这个新鲜的世界。因为他崇尚实事,所以他不梦想那光明可以立刻来临,他知道进步是一点一滴的积聚成的,光明是一线一线的慢慢来的。最要紧的条件只是人人尽他的一点一滴的责任,贡献他一分一秒的光明。高梦旦先生晚年发表了几件改革的建议,标题引一个朋友的一句话:"都是小问题,并且不难办到。"这句引语最能写出他的志趣。他一生做的事,三十年编纂小学教科书,三十年提倡他的十三个月的历法,三十年提倡简笔字,提倡电报的改革,提倡度量衡的改革,都是他认为不难做到的小问题。他的赏识我，也是因为我一生只提出两个小问题，锲而不舍的做去，不敢好高务远，不敢轻谈根本改革，够得上做他的一个小同志。

高先生的做人，最慈祥，最热心，他那古板的外貌里藏着一颗最仁爱暖热的心。在他的大家庭里，他的儿子、女儿都说"吾父不仅是一个好父亲，实兼一个友谊至笃的朋友"。他的侄儿，侄女们都说："十一叔是圣人。"这个圣人不是圣庙里陪吃冷猪肉的圣人，是一个处处能体谅人，能了解人，能帮助人，能热烈的、爱人的、新时代的圣人。他爱朋友，爱社会，爱国家，爱世界。他爱真理，崇拜自由，信仰科学。因为他信仰科学，所以他痛恨玄谈，痛恨迷信，痛恨中医。因为他爱国家社会，所以他爱护人才真如同性命一样。他爱敬张菊生先生，就如同爱敬他的两个哥哥一样。他们爱惜我们一班年轻的朋友，就如同他爱护他自己的儿女一样。

他的最可爱之处，是因为他最能忘了自己。他没有利心，没有名心，没有胜心。人都说他冲澹，其实他是浓挚热烈。在他那浓挚热烈的心里，他期望一切有力量而肯努力的人都能成功胜利，别人的成功胜利都使他欢喜安慰，如同他自己的成功胜利一样。因为浓挚热烈，所以冲澹的好像没有自己了。

高先生生于1870年1月28日，死于1936年7月23日，葬在上海虹桥公墓。葬后第四个月，他的朋友胡适在太平洋船上写这篇小传。

1936年11月26日
（原载1937年1月1日《东方杂志》第34卷第1号）

张伯苓

"我既无天才,又无特长,我终身努力小小的成就,无非因为我对教育有信仰有兴趣而已。"这句话是张伯苓的自述。他还常常喜欢引用一位朝鲜朋友的评语:"张伯苓是一个极其简单的人,不能跟同时代的杰出人物争一日之长短,但是他脚踏实地的苦干,在他的工作范围里,成就非凡。"

他二十岁就从事于教育,第一期学生不过五个人。1917年,他四十一岁,南开中学已有一千个学生。到了1936年,他六十大寿的时候,南开大中小学共有学生三千名。1937年,天津校舍被毁于日军,其时他早已在重庆设立南渝中学,不到几年,学生增至一千多人,又成为全国首屈一指的中学。

张伯苓于1876年4月5日生于天津。其父博学多能,爱好音乐,尤善琵琶和骑马射箭,惜以沉溺于逸乐,以至家产荡然。续弦生伯苓时,已甚穷困,授徒以自给,深痛自己的不能振作，乃决计令伯苓受良好教育，严格的修身。

伯苓年十三，以家学渊源考入北洋海军学校。该校系严修、伍光建等三五留英学生主持，伯苓每届考试必列前茅。该校教师中有苏格兰人麦克礼者，讲解透彻，更佐以日常人格的熏陶，受业诸生获益匪浅，其于伯苓亦留下深刻难忘的印象，伯苓于1894年以第一名毕业，时年还不过十八岁。

是年，中国海军于第一次中日战争中大败，几于全军覆没，甚至于不留一舰可供海军学校毕业生实习之用。伯苓于是不得不回家静候一年，然后得入海军实习舰通济号内见习军官三个月，伯苓即在该舰遭遇他终身不忘的国耻，决心脱离海军，从事教育救国事业。

缘自中国败于日本之后，欧洲帝国主义者，在中国竞相争夺势力范围，伯苓即于其时在威海卫亲身经历到中国所受耻辱的深刻。威海卫原为中国海军军港，中日之战失败后，然后于翌日移交英军。伯苓目击心伤，喟然叹曰："我在那里亲眼目睹两月之间三次易帜，取下太阳旗，挂起黄龙旗，第二次，我又看见取了黄龙旗，挂起米字旗。当时说不出的悲愤交集，乃深深觉得，我国欲在现代世界求生存，全靠新式教育，创造一代新人。我乃决计献身于教育救国事业。"

张氏此种觉悟，此种决心，足以反映当时普及全国的革新运动。戊戌政变就是这种运动的高潮，可惜这种新运动不敌慈禧太后的反动势力而失败了。伯苓时年廿二岁，欣然应严修之聘，在其天津住宅设私塾教授西学。严氏私塾名"严馆"，学童为严修之子等五人。此为张氏一生从事教育事业的开端。

伯苓结识严修，于后来南开的开办与发展的影响很大。严修字范孙，为北方学术界重镇，竭诚提倡新思潮新学说，不遗余力，而且德高望重，极受津人的景仰，伯苓得其臂助，为南开奠定巩固的始基。伯苓当时的教授法已极新颖，堪称为现代教育而无愧色。所受课程且有英文、数学和自然的基本学识，尤注重学生的体育。伯苓且与学生混在一起共同作户外运动，如骑脚踏车、跳高、跳远和足球之类。同时注重科学和体育，师生共同学习，共同游戏。张氏于此实为中国现代教育的鼻祖之一。

1903年，张氏和严修赴日考察大中学校教育制度，带回许多教育和科学的仪器。张、严两氏咸以日本教育发达，深受感动。回国后，即以严氏一部分房屋，将私塾改为正式中学，名曰第一私立中学，1904年开学，学生七十三人，每月经费纹银二百两，由严、张两家平均负担。1906年，某富友[1]捐赠天津近郊基地名"南开"者作为新校校址。从此南

---

[1] 编者按：系指郑菊如先生。

开与张伯苓两个名字，在中国教育史上永占光荣的一页。

南开在此后十年中，进步一日千里，其发展与进步且是有计划的。1920年，江苏督军李纯，原籍天津，自杀身死，留下遗嘱，指定他一部分财产，计值五十万元捐助南开经费，中美教育文化基金董事会和管理中英庚子赔款基金董事会，也以英美退还的赔款一部分拨捐南开。纽约洛克斐尔基金委员会更捐助大宗款项，建造南开大学校舍及其设备，并资助该校的经济研究所。

南开开办之初，基地不过两亩，不到几年，即在附近添购一百亩以上，以供扩充。南开大学系于1919年正式开学，设文、理、商三科，翌年增设矿科。经济研究所则系于1931年设立。下一年又增设化学研究所。南开中学女子部则系于1923年设立。并于1928年设立实验小学。到了1932年，南开已完成了五个部门，即大学部、研究院、男子中学、女子中学及小学。在毁于日军的前几年，学生总数已达三千人。

南开之有此成绩，须归功于张伯苓先生之领导，这是尽人皆知的事实。他常对友人说：一个教育机关应当常常欠债。任何学校的经费，如在年终，在银行里还有存款，那就是守财奴，失去了用钱做事的机会。他开办学校可说是白手起家，他不怕支出超过预算。他常是不息的筹谋发展新计划，不因缺少经费而阻断他谋发展的美梦。他对前途常是乐观的。他说："我有方法自骗自。"其实就是船到桥头自然直。结果呢，确是常常有人帮助他实行新计划。

张氏在他的自传里说："南开学校诞生于国难，所以当以改革旧习惯，教导青年救国为宗旨。"他还说中国的弱点有五：即一、体弱多病，二、迷信，缺乏科学智识，三、贫弱，四、不能团结，五、自私自利。

张氏为改良中国的弱点，因而提出五项教育改革方针。他主张新教育第一必须改善个人的体格，使宜于做事；第二必须以现代科学的结果和方法训练青年；第三必须使学生能组织起来，积极参加各种团体生活，共同合作；第四必须有活泼的道德修养；第五必须感化每一个人都有为国宣劳的精神。

由今日视之，这些不免是老生常谈，然而张氏使这些精神贯注于其学校的生活，成为不可分离的部分，实在是张氏办教育的极大成就。

此外，除教会学校之外，南开在中国人自办的学校中间，以体育最出名最有成绩，无论在全国运动会或远东运动会，南开的运动选手成绩都很好，自1920年来，张氏在迭次全国运动会中被聘为裁判长。这些都得力于他终身提倡体育及在各种运动比赛中着重运动道德的缘故。南开还以训练团体生活共同合作著称。南开最有名的学生活动，就是他的新剧社。早在1909年，张氏即已鼓励学生演剧了。他还亲自为他们写作剧本。指导他们表演。他还以校长身分不惜担任剧中主要角色，使外界观之惊骇不置，认为有失体统。后来，他的胞弟张彭春先生在哥伦比亚大学研究文学和戏剧归国，接受他的衣钵，导演几本新剧，公演成绩非常可观。易卜生的《傀儡家庭》和《人民的公敌》，由张氏导演，极得一般好评。

关于张氏教育方针中的着重道德修养和爱国观念，张氏以身作则，收效甚宏，尤其是开办最初数年，学生人数较少，耳濡目染，人格熏陶之功甚大。他在每星期三下午必召集全校学生，共同讨论人生问题，国家大事和国际关系。他差不多对于每一个学生都叫得出他的名字，不惮烦地亲身对他讲解。

1908年，他首次访问英、美考察教育。他自己对于道德修养的热忱，与他长时期和基督徒的交往，最后根据他亲身在英、美两个社会生活的阅历，使他深信基督教实为劝人为善的伟大力量，于是他就在英、美考察归国的一年（1909）正式受洗礼为基督徒。其时他三十三岁。

张氏为一热心爱国的人，他以教育救国为终身事业，他的教育学说归纳为"公能"两字，他就以此为南开校训。张氏既以教育救国为职志，对于日本在东北的野心，常常觉得忧惧。1927年,他亲自到东北去调查,回来后即在南开大学组织东北问题研究会,并且还派遣教授数人赴东北考察。

九一八事变果然爆发,七七事变后,平津相随沦陷,南开大学中学也就因为平常爱国抗日的缘故,于1937年7月29、30两日给日军以轰炸机炸毁。其时张校长在南京,蒋委员长闻讯,即安慰他说:"南开为国家牺牲了,有中国即有南开。"

南开被毁不久,他的爱子锡祜即在空军中驾驶轰炸机赴前线作战,不幸在江西山中失事殉命。锡祜系于三年前毕业于航空学校,在行毕业礼的时候,张氏曾代表空军毕业生家长发表激励的演说。当他听到爱子噩耗,静默一分钟后,就说:"我把这个儿子为国牺牲,他已经尽了他的责任了。"

南开的遭遇日军炸毁,在张氏及其同僚原属意料中事,1935年,张氏早已到四川各地查勘适宜的地址,俾作迁校之计。数个月后,他又派南开中学校务主任到华西去考察是否有设立华西分校的可能,不久决定在重庆近郊兴建校舍。1936年的9月新校开学,名南渝中学,1938年,应南开同学会的建议,改称南开重庆分校。南开大学则从教育部建议,与清华大学和北京大学合并,在长沙开学,校名联合大学。迄至1937年，长沙被敌机轰炸，联大奉命迁往昆明，校名改称国立西南联合大学。

当其时，张氏大部分时间留在重庆分校，经济研究所亦于1939年在重庆恢复，南开小学亦于1940年在渝开学，南开新校舍又被日机轰炸。1940年8月，南开新校舍落下巨型炸弹30枚，但是被毁校舍旋即修复，弦歌始终未曾中辍。

张氏爱国，对于国家政治的发展自然极为注意。惟政府屡欲畀以要职，且曾邀其出任教育部长及天津市长，均被婉辞谢绝，以便有机会以全副精神实现南开的教育理想。及至战时，国家处于危急存亡之秋，乃投身政治，1938年，国民参政会成立，张氏当选副议长，迭次出席会议，不常发表议论，其力量则在驻会委员会发挥之，张氏希望教他每个学生都有政治的觉醒，虽则不一定人人参加政治。

八年抗战期内，南开大学虽受政府津贴，但是南开中学始终保持私立性质，今后亦然。战时联大的三个主体：清华大学、北京大学和南开大学均已复校，仍由政府资助；但张氏始终主张教育应由私人办理，今后将继续为此努力。南开重庆分校今后亦继续办理，以保持其战时成绩。

张伯苓先生今年七十岁，白发老翁，新近自美国疗养归来，仍将大做其"南开梦"。某日，张氏对南开教职员及同学会说："回顾南开以往的战斗史，展望未来复校的艰巨事功,我看前途充满光明的希望。南开的工作无止境,南开的发展无穷尽,愿以同样勇气,同样坚韧,共同前进,使南开在复兴国家的时期占一更重要地位。"

(此文作于1947年。收入《南开张故校长伯苓先生八旬诞辰纪念册》,昂若译,1956年4月5日台北南开校友会印)

许怡荪传

我的朋友许怡荪死了！他死的时候是中华民国八年三月二十二夜七点半钟。死的前十几天，他看见报纸上说我几个朋友因为新旧思潮的事被政府驱逐出北京大学。他不知那是谣言，一日里写了两封快信给我，劝我们"切不必因此灰心，也不必因此愤慨"(3月5日信)。他又说"无论如何，总望不必愤慨，仍以冷静的态度处之，……所谓经一回的失败，长一回的见识"(3月5日第二信)。这就是怡荪最末一次的信。到了3月17日，他就有病。起初他自己还说是感冒，竟不曾请医生诊看；直到二十一夜，他觉得病不轻，方才用电话告知几个同乡。明天他们来时，怡荪的呼吸已短促，不很能说话。河海工程学校的人把他送到日本医院，医院中人说这是流行的时症转成肺炎；他的脉息都没有了，医生不肯收留。抬回之后，校长许肇南先生请有名的中医来，也是这样说，不肯开方。许先生再三求他，他才开了四味药，药还没煎好，怡荪的气已绝了！

怡荪是一个最忠厚，最诚恳的好人，不幸死的这样早！……这样可惨！我同怡荪做了十几年的朋友，很知道他的为人，很知道他一生学问思想的变迁进步。我觉得他的一生，处处都可以使人恭敬，都可以给我们做一个模范，因此我把他给朋友的许多书信作材料，写成这篇传。

怡荪名棣常，从前号绍南，后来才改做怡荪。他是安徽绩溪十五都磡头的人。先进绩溪仁里的思诚学堂，毕业之后，和他的同学程干丰、胡祖烈、程敷模、程干诚等人同来上海求学。他那几位同学都进了吴淞复旦公学，只有怡荪愿进中国公学。那时我住在校外，他便和我同居。后来中国公学解散，同学组织中国新公学，怡荪也在内，和我同住竞业旬报馆。后来怡荪转入复旦公学，不久他的父亲死了（庚戌），他是长子，担负很重，不能不往来照应家事店事，所以他决计暂时不进学校，改作自修工夫，可以自由来往。决计之后，他搬出复旦，到上海和我同住。庚戌五月，怡荪回浙江孝丰，——他家有店在孝丰，——我也去北京应赔款留学官费的考试。我们两人从此一别，七个足年不曾相见。我到美国以后，怡荪和我的朋友郑仲诚同到西湖住白云庵，关门读国学旧书,带着自修一点英文(庚戌十一月十七日信)。明年辛亥,我们的朋友程干丰(乐亭)病死。怡荪和他最好,心里非常悲痛,来信有"日来居则如有所失,出则不知所之,念之心辄凄然而泪下,盖六载恩情,其反动力自应如是"(辛亥四月十一日信)。那年五月怡荪考进浙江法官养成所,他的意思是想"稍攻国法私法及国际法,期于内政外交可以洞晓;且将来无论如何立身,皆须稍明法理,故不得不求之耳"。(辛亥五月二十一日信)但是那学堂办得很不满他的意,所以辛亥革命之后,他就不进去了。他来信说,"读律之举,去岁曾实行之,今年又复舍去,盖因校中组织未善,徒袭取东夷皮相;……人品甚杂,蘧篨戚施之态,心素恶之,故甚不能侧身其间以重违吾之本心也"(民国元年十月三十日信)。

那一年怡荪仍旧在西湖读书。民国二年他决意到日本留学,四月到东京进明治大学的法科,五月来信说:"……君既去国,乐亭复云亡。此时孤旅之迹,若迷若惘,蓬转东西,而终无所栖泊。本拟屏迹幽遐,稍事根底学问,然非性之所近,……恐于将来为己为人,一无所可。……去岁以来,思之重思之,意拟负笈东瀛,一习拯物之学。然因经济困难,尚未自决。嗣得足下第二手书,慰勉有加,欲使膏肓沉没,复起为人,吾何幸而得此于足下!……遂于阴历正月间驰赴苕上,料理一切,期于必行。"(二年五月十七日信)他到日本后不久第二次革命起事，汇款不通，他决计回国，临走时他写长函寄我，中有一段，我最佩服。他说："自古泯棼之会，沧海横流，定危扶倾，宜有所托。寄斯任者，必在修学立志之士，今既气运已成，乱象日著，虽有贤者不能为力。于此之时，若举国之士尽入漩涡，随波出没，则不但国亡无日，亦且万劫不复矣。在昔东汉之末，黄巾盗起，中原鼎沸，诸葛武侯高卧隆中，心不为动。岂有鞠躬尽瘁死而后已之人而能忘情国家者乎？诚以乱兹方寸于事无益耳。丁此乱离，敢唯足下致意焉。"

这封信寄后，因道路不平静，他竟不能回国。那时东京有一班人发起一个孔教分会，怡荪也在内。他是一个热心救国的人，那时眼见国中大乱，心里总想寻一个根本救国方法；他认定孔教可以救国，又误认那班孔教会的人都是爱国的志士，故加入他们的团体。他那时对于那班反对孔教会的人，很不满意，来信有"无奈东京留学界中，大半趋奉异说，习气已深，难与适道"的话（同上）。这时代的怡荪完全是一个主张复古的人。他来信有论孔教会议决"群经并重"一段，说"以余之意，须侧重三礼。盖吾国三代之时，以礼治国，故经国之要尽在三礼。近日东西各国每以法律完备自多，岂知吾国数千年前已有威仪三百，礼仪三千，以礼治国，精审完美，必不让于今日所谓法治国也。且一般人多主张以孔子为宗教家。既认为宗教，则于方式亦不可不讲。冠婚丧祭等事，宜复于古，方为有当耳"(同上)。我回信对于这主张，很不赞成。明年(民国三年)怡荪写了一封楷书六千字的长信同我辩论，到了这时候，怡荪已经看破孔教会一班人的卑劣手段，故来信有云："近日之孔教会不脱政党窠臼，所谓提倡道德挽回人心之事，殆未梦见也。此殊非初心所料及！……尊崇孔子而有今日之孔教会，其犹孔子所谓死不若速朽之为愈也！"(三年四月一日信)怡荪本来已经搬进孔教会事务所里，替他们筹成立会和办"大成节"的庆祝会的事，很热心的。后来因为看出那班"孔教徒"的真相，所以不久就搬出来，住辰实馆(二年十一月三日信)。但是他这时候仍旧深信真孔教可以救国，不过他的孔教观念已经不是陈焕章一流人的孔教观念了。他那封六千字的长信里，说他提倡孔教有三条旨趣："(一)洗发孔子之真精神，为革新之学说，以正人心；(二)保存东亚固有之社会制度，必须昌明孔孟学说，以为保障；(三)吾国古代学说如老、荀、管、墨，不出孔子范围，皆可并行不背；颂言孔教，正犹振衣者之必提其领耳。"(三年四月十日信)

这时候怡荪所说"孔子之真精神"即是公羊家所说的"微言大义"。所以他那信里说："至于近世，人心陷溺已至于极，泯棼之祸，未知所届。及今而倡孔教以正人心，使此后若有窃国者兴,亦知所戒,则犹可以免于大乱也。"后来袁世凯用了种种卑污手段,想做皇帝。东京的孔教会和筹安会私造了许多假图章,捏名发电"劝进"。怡荪的希望从此一齐打破。所以后来来信说:"时局至此,欲涕无从。大力之人,负之狂走,其于正义民意,不稍顾恤。所谓'道德'者,已被轻薄无余矣!"(四年十二月二十七日信)

又第二条所说"东亚固有之社会制度",他的意思是专指家族制度。原信说:"挽近世衰道微,泰西个人功利等学说盛行,外力膨胀,如水行地中,若不亟思保界,则东亚社会制度中坚之家族制,必为所冲决。此中关系甚巨,国性灭失,终必有受其敝者。此知微之士所不得不颂言孔教,夫岂得已哉?"(三年四月十日信)怡荪这种观念,后来也渐渐改变。最后的两年,他已从家族制移到"人生自己"(七年十月二十三日寄高一涵信)。他后来不但不满意于旧式的家族制,并且对于社会政治的组织也多不满意。去年来信竟说"所谓社会制度,所谓政治组织,无一不为人类罪恶之源泉,而又无法跳出圈子,所以每一静念,神智常为惘惘也"。(七年九月八日信)复古的怡荪,此时已变成了社会革新家的怡荪。

至于第三条所说"老、荀、管、墨不出孔子范围"的话,我当时极力同他辩论,后来他稍稍研究诸子学,主张也渐渐改变。我在美国的时候,要用俞樾的《读公孙龙子》,遂写信请怡荪替我寻一部《俞楼杂纂》。他因为买不到单行本子，所以到上野图书馆去替我抄了一部《读公孙龙子》。我那时正在研究诸子学，作为博士论文。怡荪屡次来信劝勉我；有一次信上说，"世言东西文明之糅合，将生第三种新文明。足下此举将为之导线，不特增重祖国，将使世界发现光明"（五年三月十三日信）。这种地方不但可以见得怡荪鼓舞朋友的热心，并且可以见得他对于儒家与非儒家学说的态度变迁了。

以上述怡荪对于孔教的态度。那封六千字的信上半论孔教问题，下半论政治问题。怡荪的政治思想前后共经过几种根本的变迁。那封信里所说可以代表他的基本观念是"政治中心"的观念。他说："以余观于吾国近数十年来之政局，政治之重点，亦常有所寄。盖自湘乡柄政以后，移于合肥。合肥将死，……疏荐项城以代。项城起而承合肥之成局，故势力根深蒂固，不崇朝而心腹布天下，历世而愈大。……辛亥之际，失其重点，故常震撼不宁，其在民质未良之国，政治中心宜常寄于一部分之人，否则驯至于乱。……再以今日时势推之，其继项城而起者，其必为段氏祺瑞乎？"（三年四月十日信）这时代的怡荪所主张的是一种变相的"独头政治"。他说"一国改进之事，不宜以顿，尤须自上发之"。（同上）他那时推测中国的将来，不出三条路子："若天能挺生俊杰，如华盛顿其人者，使之能制一国之重，与以悠久岁月，别开一生面：此策之最上者也。其次若有人焉，就已成之时局而善扶掖之，取日本同一之步趋（适按此指政党政治）。……至若今日之上下相激，终至以武力解决，……此则天下最不幸之事也。"（同上）

怡荪一生真能诚心爱国，处处把"救国"作前提，故凡他认为可以救国的方法，都是好的。如袁政府当时的恶辣政策，怡荪也不根本否认。他说："吾人之于政府，固常望其发奋有为，自脱于险，苟有利于吾国吾民者，犯众难以为之，可也；能如诸葛武侯、克林威尔之公忱自矢，其心迹终可大白于天下，而吾人亦将讴歌之不暇，岂忍议其后乎？若计不出此，徒揽天下之威福以为一姓之尊荣，是则非吾人之所敢知矣。"（三年五月十八日信中载。录他寄胡绍庭的信）可见怡荪当时不满意于袁政府，不过是为他的目的不在救国而在谋一姓的尊荣。至于严厉的政策和手段，他并不根本反对。他说，"总之，政治之事无绝对至善之标准，惟视其时之如何耳"（三年五月十八日信）。

过了一年多，帝制正式实行，云南、贵州的革命接着起来，民国五年帝制取消，不久袁世凯也死了。那时怡荪对于国事稍有乐观，来信说："国事顷因陈（其美）毙于前，袁（世凯）殂于后，气运已转，国有生望。盖陈死则南方暴烈恶徒无所依附，而孙中山之名誉可复。袁灭则官僚政治可期廓清。"(五年六月三十日信）那时怡荪前两年所推算的段祺瑞果然成了"政治的中心"。怡荪来信说："闻段之为人，悃愊无华，而节操不苟，雅有古大臣之风。倘国人悔祸，能始终信赖其为人，则戡乱有期，澄清可望。"（同上）可见那时怡荪还是主张他的"政治中心"论。

怡荪在明治大学于民国五年夏间毕业。七月中他和高一涵君同行回国。那时段内阁已成立，阁员中很有几个南方的名士。表面上很有希望，骨子里还是党争很激烈，暗潮很利害。怡荪回国住了一年，他的政治乐观很受了一番打击，于是他的政治思想遂从第一时代的"政治中心"论变为第二时代的"领袖人才"论。他说，"国事未得大定，无知小人尚未厌乱，而有心君子真能爱国者，甚鲜其人。如今日现状虽有良法美制，有用无体，何以自行？欲图根本救济，莫如结合国中优秀分子，树为政治社会之中坚。如人正气日旺，然后可保生命"。因此他希望他的朋友"搜集同志，组一学会，专于社会方面树立基础，或建言论，或办学校，务为国家树人之计"（六年一月二十四日寄一涵君信）。他又说："今日第一大患在于人才太少。然人才本随时而生，惜无领袖人物能组织团体，锻炼濯磨，俾其如量发挥；徒令情势涣散，虽有贤能亦不能转移风气。志行薄弱者，又常为风气所转移。……是知吾国所最缺乏者，尚非一般人才，而在领袖人才也审矣。"

（六年旧七月十日信）当第三次革命成功时，我在美洲寄信给怡荪说，"这一次国民、进步两党的稳健派互相携手，故能成倒袁的大功。以大势看来，新政府里面大概是进步党的人居多数。我很盼望国民党不要上台，专力组织一个开明强健的在野党，做政府的监督，使今日的'稳健'不致流为明日的腐败。"我这种推测完全错了。倒袁以后，国民党在内阁里竟居大多数，进步党的重要人物都不曾上台。后来党见越闹越激烈，闹得后来督军团干预政治，国会解散，黎元洪退职。张勋复辟的戏唱完之后，段祺瑞又上台。这一次民党势力完全失败。怡荪回想我前一年的话，很希望民党能组织一个有力的在野党，监督政府（六年八月九日又九月二十日与高一涵信）。那时怡荪的政治思想已有了根本改变，从前的"政治中心"论，已渐渐取消，故主张有一种监督政府的在野党"抵衡其间，以期同入正轨"（六年九月二十日与一涵信）。

但是那时因为国会的问题，南北更决裂，时局更不可收拾。怡荪所抱的两种希望，——领袖人才和强硬的在野党，——都不能实现。民国六年秋天他屡次写信给朋友，说天下的事"当于大处着眼，小处下手"（六年旧七月十日信，又九月二十日与一涵信，又九月二十三日与我信）。那时安徽的政治，腐败不堪，后来又有什么"公益维持会"出现，专做把持选举的事。我们一班朋友不愿意让他们过太容易的日子，总想至少有一种反对的表示,所以劝怡荪出来竞争本县的省议会的选举。怡荪起初不肯,到了七年五月,方才勉强答应了。他答应的信上说,"民国二年选举的时候,足下寄手书,谓'中国之事,患在一般好人不肯做事'云云,其言颇痛。与其畏难退缩,徒于事后叹息痛恨,何如此时勿计利害,出来奋斗,反觉得为吾良心所安也"(七年五月二十日信)。这一次的选举竞争,自然是公益维持会得胜,怡荪几乎弄到"拿办"的罪名,还有他两个同乡因为反对公益维持会的手段,被县知事详办在案。但是怡荪因此也添了许多阅历。他写信给我说:"年来大多数的人,无一人不吞声饮恨,只是有些要顾面子,有些没有胆子,只得低头忍耐,不敢闹翻,却总希望有人出来反对,……由此看来,所谓社会制度,所谓政治组织,无一不为人类罪恶之源泉。"(七年九月八日信)他又说:"最近以来,头脑稍清晰的人,皆知政治本身已无解决方法,须求社会事业进步,政治亦自然可上轨道。"(同上)

这几句话可以代表怡荪的政治思想第三个时代。这时候,他完全承认政治的改良须从"社会事业"下手,和他五年前所说"一国改良之事,尤须自上发之"的主张,完全不相同了。他死之前一个月还有一封长信给我,同我论办杂志的事。他说:"办杂志本要觑定二三十年后的国民要有什么思想,于是以少数的议论,去转移那多数国民的思想。关系如何重要！虽是为二三十年后国民思想的前趋，须要放开眼界，偏重急进的一方面。……政治可以暂避不谈，对于社会各种问题，不可不提出讨论。"（八年二月二十三日信）这个时代的怡荪完全是一个社会革命家。可惜他的志愿丝毫未能实现，就短命死了！以上述怡荪政治思想的变迁。

怡荪于民国七年冬天，受我的朋友许肇南的聘，到南京河海工程学校教授国文。肇南在美国临归国的时候，问我知道国内有什么人才，我对他说："有两个许少南。"一个就是肇南自己，一个就是怡荪（怡荪本名绍南）。后来两个许少南竟能在一块做事，果然很相投。我今年路过南京，同他谈了两天，心里很满意。谁知这一次的谈话竟成了我们最后的聚会呢？

怡荪是一个最富于血性的人。他待人的诚恳，存心的忠厚，做事的认真，朋友中真不容易寻出第二个。他同我做了十年的朋友，十年中他给我的信有十几万字，差不多个个都是楷书，从来不曾写一个潦草的字。他写给朋友的信，都是如此。只此一端已经不是现在的人所能做到。他处处用真诚待朋友，故他的朋友和他来往长久了，没有一个不受他的感化的。即如我自己也不知得了他多少益处。己酉、庚戌两年我在上海做了许多无意识的事，后来一次大醉，几乎死了。那时幸有怡荪极力劝我应留美考试，又帮我筹款做路费。我到美国之后，他给我的第一封信就说："足下此行，问学之外，必须祓除旧染，砥砺廉隅，致力省察之功，修养之用。必如是持之有素，庶将来涉世，不至为习俗所靡，允为名父之子。"（庚戌十一月十七日信）自此以后，九年之中，几乎没有一封信里没有规劝我，勉励我的话。我偶然说了一句可取的话，或做了一首可看的诗，他一定写信来称赞我，鼓励我。我这十年的日记札记，他都替我保存起来。我没有回国的时候，他晓得我预备博士论文，没有时间做文章，他就把我的《藏晖室札记》节抄一部，送给《新青年》发表。我回国以后看见他的小楷抄本，心里惭愧这种随手乱写的札记如何当得我的朋友费这许多精力来替我抄写。但他这种鼓励朋友的热心，实在能使人感激奋发。我回国以后，他时时有信给我，警告我"莫走错路"，"举措之宜，不可不慎"（六年旧七月初十日信），劝我"打定主意，认定路走，毋贪速效，勿急近功"（六年九月二十三日信）。爱谋生（Emerson）说得好："朋友的交情把他的目的物当作神圣看待。要使他的朋友和他自己都变成神圣。"怡荪待朋友，真能这样做，他现在虽死了，但他的精神，他的影响，永永留在他的许多朋友的人格里，思想里，精神里，……将来间接又间接，传到无穷，怡荪是不会死的！

民国八年六月

（原载1919年8月15日《新中国》第1卷第4号）

李超传

李超的一生,没有什么轰轰烈烈的事迹。我参考他的行状和他的信稿,他的生平事实不过如此:

李超原名惟柏,又名惟璧,号璞真,是广西梧州金紫庄的人。他的父母都早死了,只有两个姊姊,长名惟钧,次名□□。他父亲有一个妾,名附姐。李超少时便跟着附姐长大。因为他父母无子,故承继了他胞叔榘廷的儿子,名惟琛,号极甫。

他家本是一个大家,家产也可以算得丰厚。他的胞叔在全州做官时,李超也跟着在衙门里,曾受一点国文的教育。后来他回家乡,又继续读了好几年的书,故他作文写信都还通顺清楚。

民国初年,他进梧州女子师范学校肄业,毕业时成绩很好。民国四年他和他的一班同志组织了一个女子国文专修馆。过了一年，他那班朋友纷纷散去了，他独自在家，觉得旧家庭的生活没有意味，故发愤要出门求学。他到广州，先进公立女子师范，后进结方学堂；又进教会开的圣神学堂，后又回到结方，最后进公益女子师范。他觉得广州的女学堂不能满意，故一心要想来北京进国立高等女子师范学校。民国七年七月，他好容易筹得旅费，起程来北京。九月进学校，初做旁听生，后改正科生。那年冬天，他便有病。他本来体质不强，又事事不能如他的心愿，故容易致病。今年春天，他的病更重，医生说是肺病，他才搬进首善医院调养。后来病更重，到八月十六日遂死在法国医院。死时，他大约有二十三四岁了（行状作"年仅二十"，是考据不精的错误）。

这一点无关紧要的事实，若依古文家的义法看来，实在不值得一篇传。就是给他一篇传，也不过说几句"生而颖悟，天性孝友，戚鄽称善，苦志求学，天不永其年，惜哉惜哉"一类的刻板文章，读了也不能使人相信。但是李超死后，他的朋友搜索他的遗稿，寻出许多往来的信札，又经他的同乡苏甲荣君把这些信稿分类编记一遍，使他一生所受的艰苦，所抱的志愿，都一一的表现分明。我得读这些信稿，觉得这一个无名的短命女子之一生事迹很有作详传的价值，不但他个人的志气可使人发生怜惜敬仰的心，并且他所遭遇的种种困难都可以引起全国有心人之注意讨论。所以我觉得替这一个女子做传比替什么督军做墓志铭重要得多咧。

李超决意要到广州求学时，曾从梧州寄信给他的继兄，信中说：

> 计妹自辍学以来，忽又半载。家居清闲，未尝不欲奋志自修。奈天性不敏，遇有义理稍深者，既不能自解，又无从质问。盖学无师承，终难求益也。同学等极赞广州公立女子第一师范，规则甚为完善，教授亦最良好，且年中又不收学费，如在校寄宿者，每月只缴膳费五元，校章限二年毕业。……广东为邻省，轮舟往还，一日可达。……每年所费不过百金。侬家年中入息虽不十分丰厚，然此区区之数，又何难筹？……谅吾兄必不以此为介意。……妹每自痛生不逢辰，幼遭悯凶，长复困厄……其所以偷生人间者，不过念既受父母所生，又何忍自相暴弃。但一息苟存，乌得不稍求学问？盖近来世变日亟，无论男女，皆以学识为重。妹虽愚陋，不能

与人争胜,然亦欲趁此青年,力图进取。苟得稍明义理,无愧所生,于愿已足。其余一切富贵浮华,早已参透,非谓能恝然置之,原亦知福薄之不如人也。……若蒙允诺,……匪独妹一生感激,即我先人亦当含笑于九泉矣。战栗书此,乞早裁复。

这信里说的话,虽是一些"门面话",但是已带着一点呜咽的哭声。再看他写给亲信朋友的话:

前上短章,谅承收览。奉商之事,不知得蒙允诺与否。妹此时寸心上下如坐针毡,……在君等或视为缓事,而妹则一生苦乐端赖是也。盖频年来家多故。妹所处之境遇固不必问及。自壬子□兄续婚后,嫌隙愈多,积怨愈深。今虽同爨,而各怀意见。诟谇之声犹(尤)所时有。其所指摘,虽多与妹无涉,而冷言讥刺,亦所不免。欲冀日之清净,殊不可得。去年妹有书可读,犹可藉以强解。近来闲居,更无术排遣。……锢居梧中,良非本怀。……盖凡人生于宇宙间,既不希富贵,亦必求安乐。妹处境已困难,而家人意见又复如此。环顾亲旧无一我心腹,因此,厌居梧城已非一日。

这信里所说,旧家庭的黑暗,历历都可想见。但是我仔细看这封信,觉得他所说还不曾说到真正苦痛上去。当时李超已二十岁了,还不曾订婚。他的哥嫂都很不高兴,都很想把他早早打发出门去,他们就算完了一桩心事,就可以安享他的家产了。李超"环顾亲旧,无一心腹",只有胞姊惟钧和姊夫欧寿松是很帮助他的。李超遗稿中有两封信是代他姊姊写给他姊夫的,说的是关于李超的婚事。一封信说:

> 先人不幸早逝,遗我手足三人。……独季妹生不逢辰,幼失怙恃,长遭困厄,今后年华益增,学问无成,后顾茫茫,不知何以结局。钧每念及此,寝食难安。且彼性情又与七弟相左。盖弟择人但论财产,而舍妹则重学行。用是各执意见,致起龃龉。妹虑家庭专制,恐不能遂其素愿,缘此常怀隐忧,故近来体魄较昔更弱。稍有感触,便觉头痛。……舍妹之事,总望为留心。苟使妹能终身付托得人,岂独钧为感激,即先人当含笑于九泉也。……

这信所说,乃是李超最难告人的苦痛。他所以要急急出门求学,大概是避去这种高压的婚姻。他的哥哥不愿意他远去,也只是怕他远走高飞做一只出笼的鸟,做一个终身不嫁的眼中钉。

李超初向他哥哥要求到广州去求学,——广州离梧州只有一天的轮船路程,算不得什么远行。——但是他哥哥执意不肯。请看他的回信:

九妹知悉:尔欲东下求学,我并无成见在胸,路程近远,用款多少,我亦不措意及之也。惟是侬等祖先为乡下人,侬等又系生长乡间,所有远近乡邻女子,并未曾有人开远游羊城(即广州)求学之先河。今尔若子身先行,事属罕见创举。乡党之人少见多怪,必多指摘非议。然乡邻众口悠悠姑置勿论,而尔五叔为族中之最尊长者,二伯娘为族中妇人之最长者,今尔身为处子,因为从师求学,远游至千数百里外之羊城,若不禀报而行,恐于理不合。而且伊等异日风闻此事,则我之责任非轻矣。我为尔事处措无方。今尔以女子身为求学事远游异域,我实不敢在尊长前为尔启齿,不得已而请附姐(李超的庶母)为尔转请,而附姐诸人亦云不敢,而且附姐意思亦不欲尔远行也。总之,尔此行必要禀报族中尊长方可成行,否则我之责任綦重。……见字后,尔系一定东下,务必须由尔设法禀明族中尊长。

这封信处处用恫吓手段来压制他妹子,简直是高压的家族制度之一篇绝妙口供。

李超也不管他,决意要东下,后来他竟到了广州进了几处学堂。他哥哥气得利害,竟不肯和他通信。六年七月五日,他嫂嫂陈文鸿信上说:

……尔哥对九少言,"……余之所以不寄信不寄钱于彼者,以妹之不遵兄一句话也。且余意彼在东省未知确系读书,抑系在客栈住,以信瞒住家人。余断不为彼欺也。"言时声厉。……嫂思之,计无所出,妹不如暂且归梧,以息家人之怨。……何苦惹家人之怨?

又阴历五月十七日函说:

……姑娘此次东下,不半年已历数校,以致家人咸怒。而今又欲再觅他校专读中文,嫂恐家人愈怒。……

即这几封信,已可看出李超一家对他的怨恨了。

李超出门后,即不愿回家,家人无可如何,只有断绝他的用费一条妙计。李超在广州二年,全靠他的嫂嫂陈文鸿,姊夫欧寿松,堂弟惟几,本家李典五,堂姊伯援、宛贞等人私下帮助他的经费。惟几信上（阴九月三十日）有"弟因寄银与吾姐一事，屡受亚哥痛责"的话。欧寿松甚至于向别人借钱来供给他的学费，那时李超的情形，也可想而知了。

李超在广州换了几处学堂，总觉得不满意。那时他的朋友梁惠珍在北京高等女子师范学校写了几次信去劝他来北京求学。李超那时好像屋里的一个蜜蜂，四面乱飞，只朝光明的方向走。他听说北京女高师怎样好，自然想北来求学，故把旧作的文稿寄给梁女士，请他转呈校长方还请求许他插班，后来又托同乡京官说情，方校长准他来校旁听。但是他到广州，家人还百计阻难，如何肯让他远走北京呢？

李超起初想瞒住家人，先筹得一笔款子，然后动身。故六年冬天李伯援函说：

……七嫂心爱妹，甫兄防之极严，限以年用百二（十）金为止，……甫嫂灼急异常。甫嫂许妹之款，经予说尽善言，始获欣然。伊苟知妹欲行，则诚恐激变初心矣。……

后来北行的计划被家人知道了，故他嫂嫂六年十一月七日函说：

> 日前得三姑娘来信，知姑娘不肯回家，坚欲北行。闻讯之下，不胜烦闷。姑娘此行究有何主旨？嫂思此行是直不啻加嫂之罪，陷嫂于不义也。嫂自姑娘东行后，尔兄及尔叔婶时时以恶言相责，说是嫂主其事，近日复被尔兄殴打。且尔副姐（即附姐）亦被责。时时相争相打，都因此事。姑娘若果爱嫂，此行万难实行，恳祈思之，再思之。

那时他家人怕他远走，故极力想把他嫁了。那几个月之中，说婚的信很多，李超都不肯答应。他执意要北行，四面八方向朋友亲戚借款。他家虽有钱，但是因为他哥哥不肯负还债的责任，故人多不敢借钱给他。七年五月二十二日，他姊姊惟钧写信给在广州的本家李典五说：

> ……闻九妹欲近日入京求学，本甚善事也。但以举廷五叔及甫弟等均以为女子读书稍明数字便得。今若只身入京，奔走万里，实必不能之事。即使其能借他人之款，以遂其志，而将来亦定不担偿还之职。

这是最利害的对付方法。六月二十八日伯援函说：

……该款七嫂不肯付，伊云妹有去心，自后一钱不寄矣。在款项一节，予都可为妹筹到。惟七嫂云，如妹能去，即惟予与婉贞二人是问。……七嫂与甫为妹事又大斗气。渠云妹并未知渠之苦心，典五之款，渠亦不还，予对妹难，对渠等尤难也。

照这信看来，连他那贤明的嫂嫂也实行那断绝财源的计划了。

那时李超又急又气，已病了几个月。后来幸亏他的大姊丈欧寿松一力担任接济学费的事。欧君是一个极难得的好人，他的原信说：

……妹决意往京就学，……兄亦赞成。每年所需八九十金，兄尽可担负。……惟吾妹既去，极甫谅亦不恝置也。……

李超得了李典五借款，又得了欧寿松担任学费，遂于七月动身到北京。他先在女高师旁听，后改正科生。那时他家中哥嫂不但不肯接济款项，还写信给他姊夫，不许他接济。欧君七年九月五日信说：

……七舅近来恐无银汇。昨接璇儿信，称不独七妗不满意，不肯汇银，且来信嘱兄不许接济。兄已回函劝导，谅不至如此无情。兄并声明，七舅如不寄银则是直欲我一人担任。我近年债务已达三千元左右，平远又是苦缺，每年所得，尚未足清还债累，安得如许钱常常接济？即勉强担任，于亲疏贫富之间，未免倒置。

看这信所说李超的家产要算富家，何以他哥嫂竟不肯接济他的学费呢？原来他哥哥是承继的儿子，名分上他应得全份家财。不料这个倔强的妹子偏不肯早早出嫁，偏要用家中银钱读书求学。他们最怕的是李超终身读书不嫁，在家庭中做一个眼中钉。故欧寿松再三写信给李超劝他早早定婚，劝他早早表明宗旨，以安他哥嫂之心。欧君九月五日信说：

……兄昨信所以直言不讳劝妹早日定婚者，职此之故。妹婚一日未定，即七舅等一日不安。……妹婚未成，则不独妹无终局，家人不安，即愚夫妇亦终身受怨而莫由自解。……前年在粤时，兄屡问妹之主意，即是欲妹明白宣示究竟读书至何年为止，届时即断然适人，无论贤愚，绝无苛求之意，只安天命，不敢怨人，否则削发为尼，终身不字。如此决定，则七舅等易于处置，不至如今日之若涉大海，茫无津涯，教育之费，不知负担到何时乃为终了。

又九月七日信说：

……妹读书甚是好事，惟宗旨未明，年纪渐长，兄亦深以为忧。……极甫等深以为吾妹终身读书亦是无益。吾妹即不为极甫诸人计，亦当为兄受怨计，早日决定宗旨，明以告我。

欧君的恩义，李超极知感激。这几封信又写得十分恳切，故李超答书也极恳切。答书说：

……吾兄自顾非宽，而于妹膏火之费屡荷惠助。此恩此德，不知所以报之，计惟有刻诸肺腑，没世不忘而已。……妹来时曾有信与家兄，言明妹此次北来，最迟不过二三年即归。婚事一节，由伊等提议，听妹处裁。至受聘迟早，妹不敢执拗，但必俟妹得一正式毕业，方可成礼。盖妹原知家人素疑妹持单独主义，故先剖明心迹，以释其疑，今反生意外之论，实非妹之所能料。若

谓妹频年读书费用浩繁，将来伊于胡底，此则故设难词
以制我耳。盖吾家虽不敢谓富裕，而每年所入亦足敷
衍。妹年中所耗不过二三百金，何得谓为过分？况此乃
先人遗产，兄弟辈既可随意支用，妹读书求学乃理正言
顺之事，反谓多余，揆之情理，岂得谓平耶？静思其
故，盖家兄为人惜财如璧，且又不喜女子读书，故生此
闲论耳。……

李超说，"此乃先人遗产，兄弟辈既可随意支用，妹读
书求学乃理正言顺之事，反谓多余，揆之情理，岂得谓平
耶？"这几句话便是他杀身的祸根。谁叫他做一个女子！
既做了女子，自然不配支用"先人遗产"来做"理正言顺
之事"！

李超到京不够半年，家中吵闹得不成样子。伯援十一月
六号来信说：

……七嫂于中秋前出来住数天，因病即返乡。渠因
与甫兄口角成仇，赌气出来。渠数月来甚与甫兄反目，
其原因一为亚凤（极甫之妾），一为吾妹。凤之不良，悉
归咎于鸿嫂，而鸿嫂欲卖去之，甫兄又不许，近且宠
之，以有孕故也。前月五叔病，钧姊宁省，欲为渠三人

解释嫌恨,均未达目的,三宿即返。返时鸿嫂欣然送别,嘱钧姊勿念,渠自能自慰自解,不复愁闷。九姑娘(即李超)处,渠典当金器亦供渠卒业,请寄函渠,勿激气云云。是夕渠于夜静悬梁自缢,幸副姐闻吹气声,即起呼救,得免于危。

……甫兄对于妹此行,其恶益甚,声称一钱不寄,尽妹所为,不复追究。渠谓妹动以先人为念一言为题,即先人尚在,妹不告即远行,亦未必不责备也。钧姐嘱妹自后来信千万勿提先人以触渠怒云。

这一封信,前面说他嫂嫂为了他的事竟致上吊寻死,后面说他哥哥不但不寄一钱,甚至于不准他妹妹提起"先人"两个字。李超接着这封信,也不知气得什么似的。后来不久他就病倒了,竟至吐血。到了八年春天,病势更重,医生说是肺病。那时他的死症已成。到八月就死了。

李超病中,他姊夫屡次写信劝他排解心事,保重身体。有一次信中,他姊丈说了一句极伤心的趣话。他说:"吾妹今日境遇与兄略同。所不同者,兄要用而无钱,妹则有钱而不得用"。李超"有钱而不得用",以至于受种种困苦艰难,以至于病,以至于死,……这是谁的罪过?……这是什么制度的罪过?

李超死后，一切身后的事都靠他的同乡区君谦，陈君瀛等料理。他家中哥嫂连信都不寄一封。后来还是他的好姊夫欧君替他还债。李超的棺材现在还停在北京一个破庙里，他家中也不来过问。现在他哥哥的信居然来了。信上说他妹子"至死不悔，死有余辜"！

以上是李超的传完了。我替这一个素不相识的可怜女子作传，竟做了六七千字，要算中国传记里一篇长传。我为什么要用这么多的工夫做他的传呢？因为他的一生遭遇可以用做无量数中国女子的写照，可以用做中国家庭制度的研究资料，可以用做研究中国女子问题的起点，可以算做中国女权史上的一个重要牺牲者。我们研究他的一生，至少可以引起这些问题：

（1）家长族长的专制　"尔五叔为族中之最尊长者，二伯娘为族中妇人之最长者。若不禀报而行，恐于理不合。"诸位读这几句话，发生什么感想？

（2）女子教育问题　"侬等祖先为乡下人，所有远近乡邻女子，并未曾有人开远游求学之先河。今尔若子身先行，事属罕见创举。乡党之人必多指摘非议。""举廷五叔及甫弟等均以为女子读书稍明数字便得。"诸位读这些话，又发生什么感想？

（3）女子承袭财产的权利　"此乃先人遗产，兄弟辈既可随意支用，妹读书求学乃理正言顺之事，反谓多余。揆之情理，岂得谓平耶？"诸位读这几句话，又发生什么感想？

（4）有女不为有后的问题　《李超传》的根本问题，就是女子不能算为后嗣的大问题。古人为大宗立后，乃是宗法社会的制度。后来不但大宗，凡是男子无子，无论有无女儿，都还要承继别人的儿子为后。即如李超的父母，有了李超这样的一个好女儿，依旧不能算是有后，必须承继一个"全无心肝"的侄儿为后。诸位读了这篇传，对于这种制度，该发生什么感想？

民国八年十二月

（原载1919年12月1日至3日《晨报》，又载1919年12月1日《新潮》第2卷第2号）

追想胡明复

宣统二年（1910）七月，我到北京考留美官费。那一天，有人来说，发榜了。我坐了人力车去看榜，到史家胡同时，天已黑了。我拿了车上的灯，从榜尾倒看上去（因为我自信我考的很不好），看完了一张榜，没有我的名字，我很失望。看过头上，才知道那一张是"备取"的榜。我再拿灯照读那"正取"的榜，仍是倒读上去。看到我的名字了！仔细一看，却是"胡达"，不是"胡适"。我再看上去，相隔很近，便是我的姓名了。我抽了一口气，放下灯，仍坐原车回去了，心里却想着，"那个胡达不知是谁，几乎害我空高兴一场！"

那个胡达便是胡明复。后来我和他和宪生都到康南耳大学，中国同学见了我们的姓名，总以为胡达、胡适是兄弟，却不知道宪生和他是堂兄弟，我和他却全无亲属的关系。

那年我们同时放洋的共有七十一人，此外还有胡敦复先生，唐孟伦先生，严约冲先生。船上十多天，大家都熟了。但在那时已可看出许多人的性情嗜好。我是一个爱玩的人，也吸纸烟，也爱喝柠檬水，也爱学打"五百"及"高，低，杰克"等等纸牌。在吸烟室里，我认得了宪生，常同他打"Shuffle Board"；我又常同严约冲、张彭春、王鸿卓打纸牌。明复从不同我们玩。他和赵元任、周仁总是同胡敦复在一块谈天；我们偶然听见他们谈话，知道他们谈的是算学问题，我们或是听不懂，或是感觉没有趣味，只好走开，心里都恭敬这一小群的学者。

到了绮色佳（Ithaca）之后，明复与元任所学相同，最亲热；我在农科，同他们见面时很少。到了1912年以后，我改入文科，方才和明复、元任同在克雷登（Prof.J.E.Creighton）先生的哲学班上。我们三个人同坐一排，从此我们便很相熟了。明复与元任的成绩相差最近，竞争最烈。他们每学期的总平均总都在九十分以上；大概总是元任多着一分或半分，有一年他们相差只有几厘。他们在康南耳四年，每年的总成绩都是全校最高的。1913年，我们三人同时被举为Phi Beta Kappa会员；因为我们同在克雷登先生班上，又同在一排，故同班的人都很欣羡；其实我的成绩远不如他们两位。1914年，他们二人又同时被举为Sigma Xi会员，这是理科的名誉学会，得之很难;他们两人同时已得Phi Beta Kappa的"会钥",又得Sigma Xi的"会钥",更是全校稀有的荣誉(敦复先生也是Phi Beta Kappa的会员)。

明复是科学社的发起人,这是大家知道的。这件事的记载,我在我的《藏晖室札记》里居然留得一点材料,现在摘记在此,也许可供将来科学社修史的人的参考。

科学社发起的人是赵元任、胡达(明复)、周仁、秉志、过探先、杨铨、任鸿隽、金邦正、章元善。他们有一天(1914)聚在世界会(Cosmopolitan Club)的一个房间里,——似是过探先所住,——商量要办一个月报,名为《科学》。后来他们公推明复与杨铨、任鸿隽等起草,拟定"科学社"的招股章程。最初的章程是杨铨手写付印的,其全文如下:——

科学社招股章程

(1)定名　本社定名科学社(Science Society)。

(2)宗旨　本社发起《科学》(Science)月刊,以提倡科学,鼓吹实业,审定名词,传播知识,为宗旨。

(3)资本　本社暂时以美金四百元为资本。

(4)股份　本社发行股份票四十份,每份美金十元。其二十份由发起人担任，余二十份发售。

（5）交股法　购一股者，限三期交清，以一月为一期：第一期五元，第二期三元，第三期二元。购二股者，限五期交清：第一期六元，第二三期各四元，第四五期各三元。每股东以三股为限，购三股者其二股依上述二股例交付，余一股照单购法办理。凡股东入股，转股，均须先经本社认可。

（6）权利　股东有享受赢余及选举被选举权。

（7）总事务所　本社总事务所暂设美国以萨克（Ithaca）城。

（8）期限　营业期限无定。

（9）通信处　美国过探先（住址从略）。

当时的目的只想办一个《科学》月刊，资本只要美金四百元。后来才放手做去，变成今日的科学社，《科学》月刊的发行只成为社中的一件附属事业了。

当时大家决定，先须收齐三个月的稿子，然后敢送出付印。明复在编辑上的功劳最大；他不但自己撰译了不少稿子，还担任整理别人的稿件，统一行款，改换标点，故他最辛苦。他在社中后来的贡献与劳绩，是许多朋友都知道的，不用我说了。

明复学的是数学物理,但他颇注意于他所专习的科学以外的事情。我住在世界会,常见明复到会里来看杂志;别的科学学生很少来的。

有一件事可以作证。民国元年(1912)十一月里,明复和我发起一个政治研究会。那时在革命之后,大家都注意政治问题,故有这个会的组织。第一次组织会在我的房间里开会,会员共十人,议决:

(1)每两星期开会一次。
(2)每会讨论一个问题,由会员二人轮次预备论文宣读。论文完后,由会员讨论。
(3)每会由会员一人轮当主席。
(4)会期在星期六下午二时。

第一次讨论会的论题为"美国议会",由过探先与我担任。第二次论题为"租税制度",由胡明复与尤怀皋担任。我的日记有这一条:

> 十二月廿一日,中国学生政治研究会第二次会,论"租税"。胡明复、尤怀皋二君任讲演,甚有兴味。二君所预备演稿俱极精详,费时当不少,其热心可佩也。

明复与元任后来都到哈佛去了。那时杏佛（杨铨）编辑"科学"，常向他们催稿子。民国五年（1916）六月间，杏佛作了一首白话打油诗寄给明复：——

寄胡明复

自从老胡去，这城天气凉。

新屋有风阁，清福过帝王。

境闲心不闲，手忙脚更忙。

为我告"夫子"，[1]"科学"要文章。

元任见此诗，也和了一首：——

寄杨杏佛

自从老胡来，此地暖如汤。

"科学"稿已去，"夫子"不敢当。

才完就要做，忙似阎罗王。[2]

幸有"辟克匿"，[3]那时波士顿、肯白里奇的社友还可大大的乐一场！

---

[1] 元任有"Prof."的绰号。
[2] 元任自注："Work like—h—."
[3] Picnic.

这也可以表示当时的朋友之乐,与科学社编辑部工作的状况。

民国三年(1914),明复得盲肠炎,幸早去割了,才得无事。民国五年(1916),元任也得盲肠炎,也得割治。那时我在纽约,作了一首打油诗寄给元任,并寄给明复看:——

> 闻道先生病了,叫我吓了一跳。
> "阿彭底赛梯斯!"[1] 这事有点不妙!
> 依我仔细看来,这病该怪胡达。
> 你和他两口儿,可算得亲热杀;
> 同学同住同事,今又同到哈袜,[2]
> 同时"西葛玛鳁",同时"斐贝卡拔"。[3]
> 前年胡达破肚,今年"先生"[4] 该割。
> 莫怪胡适无礼,嘴里夹七带八。
> 要"先生"[5] 开口笑,病中快活快活。
> 更望病早早好,阿弥陀佛菩萨!

---

[1] Appendicitis 盲肠炎。
[2] Harvard.
[3] Sigma Xi, Phi Beta Kappa.
[4] 元任的绰号"Prof."
[5] 元任的绰号"Prof."

那时候我正开始作白话诗,常同一班朋友讨论文学的问题。明复有一天忽然寄了两首打油诗来,不但是白话的,竟是土白的。第一首是:

> 纽约城里,
> 有个胡适,
> 白话连篇,
> 成啥样式!

第二首是一首"宝塔诗":——

> 痴!
> 适之!
> 勿读书!
> 香烟一支!
> 单做白话诗!
> 说时快,做时迟,
> 一做就是三小时!

我也答他一首"宝塔诗":——

咦!

希奇!

胡格哩,

我做诗!

这话不须提。

我做诗快得希,

从来不用三小时。

提起笔何用费心思,

笔尖儿嗤嗤嗤嗤地飞,

也不管宝塔诗有几层儿!

这种朋友游戏的乐处,可怜如今都成了永不回来的陈迹了!

去年5月底,我从外国回来,住在沧洲旅馆。有一天,吴稚晖先生在我房里大谈。门外有客来了,我开门看时,原来是明复同周子竞(仁)两位。我告诉他们,里面是稚晖先生。他们怕打断吴先生的谈话,不肯进来,说"过几天再来谈",都走了。我以为,大家同在上海,相见很容易的。谁知不多时明复遂死了,那一回竟是我同他的永诀了。他永永不再来谈了!

1928,3,17
(原载《科学》第13卷第6期,原题《回忆明复》,
后收入《胡适文存三集》,改为本题)

追念熊秉三先生

民国十年十月九日，我的日记里有这两段：今日为旧历重九，早九时，与文伯，擘黄，叔永，莎菲同坐汽车往西山八大处，上秘魔崖一游，在西山旅馆吃饭后，同到香山园。今天是香山慈幼院周年纪念大会，故往参观。……熊秉三先生夫妇强邀我演说，我也觉得这事业办得很好，故说了几句赞美的话。大意说，熊先生办慈幼院的目的在于使许多贫家儿童养成利用文明和帮助造文明的能力，故院中有工厂，有议会，有法庭，有自治制度。这是很可效法的运动。今天我们在这里得一个最深刻的感想：从前帝王住的园子，现在变成我们贫民子女居住上学游戏的地方了。这最可代表这种运动的精神。

我们游玩了一些地方。到昭庙时，始知这个破败的庙在几个月之中变成一个很好的女红十字会新会所了。此种成绩确可惊异。静宜园中已无荒废之旧址！此不可不归功于熊秉三诸君。

这是我在二十六年前记的感想。那时候，我时常去游香山，看见熊先生在很短期间里把一座毁坏荒凉的大废园修理成一个可容成千儿童的学校和一个很可游观的公园，所以我在日记里有这样惊叹的语句："静宜园中已无荒废之旧址！"

次年（民国十一年）四月二日有这几段日记：知行昨夜病了，我与经农同到香山。天小雨，不能游山。熊秉三先生邀我们住在双清别墅。

这一天没有游山，略看慈幼院的男校，这校比去年十月间又进步了。新设的陶工场现正在试验期中，居然能做白瓷器，虽不能纯白，已很白了。试验下去，当更有进步。

熊先生爱谈话，有许多故事可记的。我劝他作年谱或自传，他也赞成。他说对于光绪末年到民国初年的政治内幕知道最多最详。——我曾劝梁任公，蔡子民，范静生三先生写自传，不知他们真肯做吗。秉三先生死在民国二十六年的年底，还不满六十八岁，据毛夫人说，他似乎没有留下年谱或自传，这是很可惋惜的。他的诗集里有一首"淑雅夫人五十初度赋赠"五言长诗，凡一千三百字，是一首自叙的诗。旧诗体是不适于记叙事实的，故我至今还盼望将来在他遗稿文件（现存叶蒉初先生处）里也许可以发现他的年谱残稿。

我记得有一次我住在香山，晚上听他讲故事，我们故意问他自己的事迹，他也很乐意的回答我们。可惜这一夜的记录，我没有寻出来。据我的回忆，那天晚上熊先生曾说，他一生有个奇怪嗜好就是爱建造房子。俗话说："官不修衙，僧不修庙。"他一生最恨这句话。他所到的地方，湘西、东三省、热河、北京，处处有他修造的道路或兴办的公共建筑物。他自己说，建造的东西好像是他的天性，所以他从不感觉他一生所办的事业是费力的事。他爱建设，肯负责任去干，所以好像从从容容的把事情办成功了。

我回想那晚上的谈论，我颇疑心这是熊先生自谦的看法。他实在是个有办事才干的人，同时又真爱国，真爱人，所以他自己真觉得替国家做事，替多数人做事，都好像是自己天性里流露出来一样，不觉得费力了。

民国十一年旧历中秋节，熊先生聚集了慈幼院的男女儿童，在广场上吃水果糕饼，很热闹的一同赏月庆祝。他老人家很高兴，做了一首诗最末两句是：儿辈须知群最乐，人间无此大家庭。这是他爱人爱群的哲学。他痛恨战争，他努力做救济事业，都可以说是从这里出发的。在他的诗里，他往往诅咒战争："……十九年战争，乌合若鸟兽。朝客夕为因，昨仇今复友。名与实相离，言与行相谬。饿莩群在野，肥马乃在厩。丁巳至丙寅（民六至十五），乱极谬复谬。……"
因为痛恨战祸，所以他曾叹赞阎锡山将军在山西保境安民的功绩：

> 征车朝发绕汾河，十四年来水不波。
> 遥忆当年钱武肃，弭兵终是爱民多。

他有"题卓君庸自青榭集"诗，其开端几行是：

> 结庐香山深，原拟避世乱。
> 反以世乱故，良心不忍见。
> 欲民出水火，奔走弗辞倦。
> 托钵贵族门，乞醵邻人。
> 春秋多佳景，于我如冰炭。……
> 老弱转沟壑，壮者四方散，
> 村落尽荒圮，儿女鬻值贱。
> 余心戚戚然，不量力所担。……

可怜这样一个爱人爱国，痛恨战争的哲人，在他的生命最后一年里，还得用他生平最大的努力，组织战地救护队，伤兵医院，难民收容所。他从炮火底下救出了二十多万人来。他的精力衰竭了，他的心受伤了，在上海南京相继沦陷后他就死了。

卅六，十二，廿八

（原载1948年1月7日上海《大公报》）

记美国医学教育与大学教育的改造者弗勒斯纳先生
(Abraham Flexner 1866—1959)

美国的大学教育的改造,最有大功的两个人:一位是霍布铿斯大学(John Hopkins University)的第一任校长吉尔曼(Daniel Coit Gilman,1831—1908),一位是两个月前去世的弗勒斯纳先生(A.Flexner)。吉尔曼的大贡献是主张四年的本科学院不算是大学:一个大学必须是一个提倡独立的学术研究的研究机构。弗勒斯纳先生的大贡献是创办了一个更进一步的自由研究所,一个"学人的乐园",叫做"Institute for Advanced Study",即是1930年他在普林斯敦(Princeton)创立的"更高学术研究院"。

美国的医学教育的改造,最有大功的两个人:一位是霍布铿斯大学的第一任医学院长威而瞿(William Henry Welch,1850—1934),一位也就是弗勒斯纳先生。威而瞿大贡献是创立了第一个以医学研究为中心的模范医学院与附属医院，就是那霍布铿斯大学的医学院。弗勒斯纳先生的大贡献是他在五十年前（1910）调查了北美洲（美国与加拿大）的一百五十五所医学院，揭穿了其中一百三十二所是"可耻的"不及格，他并且出了大力扶助一些最好的医学院，使他们成为世界第一流的医学研究中心。

这一位非常伟大的教育改造者是值得追念，值得崇拜赞叹的。

弗勒斯纳生于1866年11月13日，死在今年9月21日。到此短文出版时，他刚满九十三岁。他死时，我正在美国，我读了纽约几家大报纸报导他的生平事迹，赞颂他的社论，我现在用我剪的报纸，加上一点参考资料，写这篇纪念短文。

他的父母是奥国的犹太人，从奥国迁移到美国南方肯突基州的路易卫儿（Louis Ville）。他父亲是个帽子商人，生了七个儿子，两个女儿。他家七个兄弟之中，有两位是有大名的，哥哥西门（Simon）弗勒斯纳是病理学大家，曾主持"洛克斐勒医学研究所"多年，在脑膜炎的治疗上曾有大贡献。他死在十三年前（1946），享年八十三岁。

亚伯拉罕弗勒斯纳（A.Flexner）从小就很聪明，很用功。他的大哥雅各帮他的忙，使他能够进当时最有盛名的霍布铿斯大学，他在两年里习完了四年的本科功课，在1886年得文学士学位。他回到路易卫儿的一个中学去教书，但他那时候已有他自己对于教育的新见解了，所以他自己创办了一个新中学，就叫做"弗勒斯纳先生的学校"，学校里采用最低限度的管理，鼓励学生自己做学问，自己管理自己。

这个新中学很成功。弗勒斯纳办了十四年的中学，积了一点钱，他才到哈佛大学研究院去，得了硕士学位，又到德国的几个大学去考察研究。

1908年，他在德国海得儿堡大学，写了一本书讨论"美国的大学"（The American College），指出美国大学制度的许多缺点。这本书引起了"卡里奇改进教学基金"（Carnegie Foundation for the Advancement of Teaching）主持人的注意。这个基金是钢铁大王卡里奇创立的，原来的目的是专为大学教授筹设退休金的，在几十年中，曾付出美国各大学教授退休金总额到美金三千五百万元之多。但最初主持人普里哲（Henry S. Pritchett）很想在其他方面促进大学的改革，所以他看中了这位大胆批评美国大学的弗勒斯纳先生，特别提出一笔款子，请他详细调查美国和加拿大现有的一切医学校的内容，给卡里奇基金作一个报告。

1910年，卡里奇基金的"专刊第四号"出版。这就是震动北美洲医学界和教育界的弗勒斯纳调查北美洲医学校的详细报告。他调查了美国和加拿大现有的一百五十五个医学校，每一个各有详细的报告和批评。

他指出，一百五十五个医学校之中，只有五十个是大学的医学院，其中只有哈佛大学和霍布铿斯大学规定先有大学本科学士的学位才可以考入医学院；只有康耐儿大学医学院规定须有大学肄业三年的资格。另有二十个医学院只需要大学肄业两年的资格。其余的一百三十二个医学校只需要中学毕业就可以入学了，甚至于有连中学毕业的资格也可以变通的！

他指出，只有那少数的进步的医学院是有研究实验室的教学的。绝大多数的医学校完全没有医学实验室的教学。他很老实的指出，绝大多数的医学校只是不负责任的文凭贩卖店，制造了许多没有学识，没有训练的医生，使得各城市乡镇医生太多而能诊断疗治的专家太少。他一一的指出，某些医学校真是可耻的，可羞的。(有一个医学校，实际上并不存在，一样的可以发文凭！) 当时芝加哥一处，就有十五个医学校！弗勒斯纳先生的报告说，芝加哥成了"全国散布瘟疫的中心"了！

这个"专刊第四号"公布之后，真是震惊了整个北美洲的教育界，——同时也引起了一个有力量的医学教育彻底改革的大运动。各州的"医师开业证书委员会"首先提高了审查的标准，用弗勒斯纳报告作审查医师资格的参考资料，不敢随便发给开业证书了。今年弗勒斯纳先生去世的消息发表之后，有位医学界的朋友对我说："一千九百十年，美国有一百五十五个医学校。弗勒斯纳的报告出来之后，几年之中，只剩五十个医学院了。一百多个'所谓医学校'都关门了！"

但弗勒斯纳先生很知道，单有破坏的批评是不够的。最要紧的是如何培植扶助那少数可以作模范的现代化的医学院，使他们继续发扬光大，成为第一流的示范学校。问题的中心是筹划一笔巨大的款子，专作为改革医学教育的费用。

美国石油大王洛克斐勒（John D.Rockefeller）创设了一个"普通教育基金委员会"（General Education Board）是专为了提高教育标准的。1918年，这个基金会请弗勒斯纳做助理秘书长，不久他就做了秘书长，专负医学改革的责任。他充分倚靠石油大王父子的慈善热心和巨大财力，在十年之中（1918—1928），劝洛克斐勒父子捐出了五千万元美金，作为改进提高全国最有成绩的几个医学院的经费。除了石油大王一家的五千万元以外，他还直接或间接的劝动了别的一些慈善家，使他们先后捐出五万万元来提高全国的医学校。这五亿五千万元的美金在几十年之中完成了北美洲医学教育与医学研究的改进与提高的事业，造成了几十个第一流的医学院。

1928年，弗勒斯纳先生六十二岁了，他退休了。在退休之后，他还活了三十年，还做了不少事。他自己最得意的一件晚年大成就，是他在普林斯敦创办的"更高学术研究院"。

他是终身研究中等教育与高等教育的人，他对于美国的多数大学的教学方式，常常感觉不满意。他常学得德国大学和英国牛津剑桥两大学的小学院自由讲学的精神是值得吸收采用的。1928年他退休之后，到牛津大学去讲学。1930年，他写了一本书，题作《美国的，英国的，德国的大学》。在那本书里，他发表他对于"大学"的见解，他说：在一个大学里，学者和专学门科学家应该发愿（dedicate）要做到四个目标：一是知识与思想的保存，二是知识与思想的解释发挥，三是寻求真理，四是训练青年学人为将来继起的工作者。他理想中的"大学"是一个小小的学术研究中心，没有课程表，没有上课时间，只有一些有天才又有学问的第一流学人在那儿独立思想，自由研究，自由论辩，把他们的全副精神用在纯粹学术的思考上。

这时候，纽约的梅栖（Macy）百货公司的两位大股东，班保葛（Louis Bamberge）和他的妹子伏尔德太太（Mrs.Felix Fuld），他们愿意捐出八百万元来给弗勒斯纳先生试办他梦想的小小的自由讲学的研究中心。这就是普林斯敦的"更高学术研究院"开办经费。

这个研究院是今日所谓"博士以上的（Postdoctorate）更高研究所"的第一个模型，弗勒斯纳先生担任了创办第一期的院长，九年之后才退休。在这九年之中，他给这个研究院树立了一个很好的基础。他一面先借用普林斯敦大学的种种便利，一面买得四百英亩的地，造起一个"小小的研究中心"。

这个研究中心的中心是一群第一流的学人。弗勒斯纳请来的第一位大师就是爱因斯坦先生（Albert Einstein）。爱因斯坦听他说起这个自由研究中心，他很高兴，不过他说，他若离开德国，每年必须有三千美金才够生活。弗勒斯纳对他说："一切都好办。"等到爱因斯坦先生到了美国，他接到的聘书是每年年俸一万六千元的聘约。

这个研究院成立了还不到二十年，全院至今只有两个部门：一是数学研究所，一是人文研究所。人文的研究是不容易在短时期内有惊人的成绩的。但数学研究所在短短十几年之中已成为世界学人公认的一个数学与理论物理学的最高研究中心了（中央研究院的院士杨振宁先生是数学研究所的常任教授之一，其他院士，如李政道、陈省身、吴大猷、林家翘诸先生都曾在那儿作过一个时期的研究员）。

这个研究所里，没有实验室，没有原子炉，连一个计算机也没有（当年曾有过计算机，近年赠送给别的研究机构了）。那儿有的只是第一流的大师，第一流的研究人才。那儿有的是自由思考，自由论辩，自由谈话的空气和机会。

这是弗勒斯纳先生晚年一个梦想的实现。我们对于这位肯梦想而能够努力使他的梦想成为事功的伟人，能不表示我们的赞叹与羡慕吗？

《纽约时报》今年九月廿二日特写一篇纪念弗勒斯纳先生的社论，此文的第一段说：

> 前几年弗勒斯纳回忆他的一生，曾说卡莱儿（Carlyle）的藏书图记上面画一支点燃着的蜡烛，下面题字是："我燃烧才可以有用。"弗勒斯纳说，这就是他一生的箴言。他活了九十二岁，可以说是完全做到了这句箴言。他总是燃烧着，要于人有用。

《纽约前锋论坛报》记载他的生平，有这一段很值得我们想念的报导：

> 弗勒斯纳八十岁时，决定到哥仑比亚大学去做两年

学生。在那两年里,他上了厄布约翰教授(Upjohn)的几种美术史的功课,又上了纳文斯教授(Nevins)的美国史学文献的功课。他自己说:"一个退休了的人的好工作,莫如教育。"可是厄布约翰教授对人说:"我的课堂上有了弗勒斯纳先生这样一个学生,常使我感觉得像一匹马的马鞍底下压着一颗有刺的栗苞!"

1959年11月9日
(原载1959年11月16日台北《自由中国》第21卷第10期)

怀念曾慕韩先生

今天是曾慕韩先生的七十生日纪念,我很怀念这一位终身爱国,终身为国家民族努力的学人。

慕韩是一位最可爱的朋友。在三十年前,我对他的议论曾表示一点点怀疑:我嫌他过于颂扬中国传统文化了,可能替反动思想助威。我对他说:凡是极端国家主义的运动,总都含有守旧的成分,总不免在消极方面排斥外来的文化,在积极方面拥护或辩护传统的文化。所以我总觉得,凡提倡狭义的国家主义或狭义的民族主义的朋友们,都得特别小心的戒律自己,偶一不小心,就会给顽固分子加添武器了。

当时我曾托朋友转告慕韩一句笑话:不要让人们笑我们是"黑头老年"。

慕韩对我的劝告,好像并不生气。后来醒狮上常有签名

"黑头"的文字,听说是他写的。以后几十年里,他对我一直保持很好的交情。

我追记这个故事,纪念这一位有风趣的老朋友。

五十年九月南港

(原载1961年9月16日台北《民主潮》11卷18期《曾慕韩先生七十诞辰纪念专号》)

追忆太戈尔在中国

太戈尔先生到中国两次,第一次是在1924年,住了几个月,先到上海,后到北京。在北京住的稍久,曾作几次公开演讲。此次他来,似是北京尚志学会主持的。太戈尔似很重视此行,故他带了他手创的Sentiniketan大学的几位教员,——梵文学者Sen,画家Bose——和一位做他的秘书的英国信徒Elmhirst同来。Sentiniketan是太戈尔先生在Bolpur创办的学校,是世界知名的学校,往往称为太戈尔的"国际大学"。(Sentiniketan的梵文原意为"寂寞的乡村",此校中师生往往在树阴下讲谈,有自由的学风。)

那时他的著作,已有中文译本,如 *The Crescent Moon*, *Chitra* 等,徐志摩和他的朋友们发起的北京"新月社",以及后来上海的"新月社"、新月书店、《新月》杂志,起名都由于太戈尔的《新月集》(*The Crescent Moon*)。

1924年5月8日是他老人家六十四岁生日，北京的一班朋友发起给他祝寿，主要的节目是他戏剧《杞特拉》(Chitra)的用英文公演，林长民的女儿林徽音女士演主角Chitra，徐志摩、林长民诸君都参加。他老人家很高兴。

我们观察太戈尔那一次在中国最感觉烦恼(sad)的一点是当时的左派青年（那时中国共产党已成立三年了）反对他的演讲，在演讲场上散发传单攻击他。有一次他在真光戏园演讲，主持的人要我做主席，要我介绍他，并劝告大家尊重他老人家说话的自由。

有一天，他对我说："你听过我的演讲，也看过我的稿子。他们说我反对科学，我每次演讲不是总有几句话特别赞叹科学吗？"我安慰他，劝他不要烦恼，不要失望。我说，这全是分两轻重的问题，你的演讲往往富于诗意，往往侧重人的精神自由，听的人就往往不记得你说过赞美近代科学的话了。我们要对许多人说话，就无法避免一部分人的无心的误解或有意的曲解。"尽人而悦之"，是不可能的。

因此，在他生日的前夕，我把我的一首《回向》诗写成一条横幅送他做生日贺礼，我把诗的大意说给他听。他懂得我的意思是借此诗安慰他，他要我把此诗译做英文，写了送给他。"回向"是大乘佛教的一个思想，已成"菩萨道"的人，还得回向人间，为众生努力。

那时溥仪还在故宫,他听他师傅庄士敦(Reginal Johnston)说太戈尔想看看宫殿里的景物,就请太戈尔和他同来的一行人进宫去吃茶。

太戈尔一行人也曾去游览长城、明陵各地的风景。

太戈尔第二次到中国,似是在1928年,或1929年,他旅行路过上海,上岸在徐志摩家里休息了几个钟头。(那一次同行的似也有Mr. Elmhirst。)那时我也住在上海,我带了儿子祖望去看他。他老人家和我们在一起拍了照,照片上有志摩、小曼、Elmhirst等人。第二天早晨他的船开了,我们还去送他。

太戈尔先生用孟加拉语(Bengali)作诗作文,他的著作全用孟加拉(Bengali)方言写的,他的成就使孟加拉语成为印度的一种传诵的"文学语言"。所以他老人家最同情于我们的白话文学运动。他最爱徐志摩,待他同自己的亲人一样。

1961,2,4日追记

回向

民国十一年十月二十日,从济南回北京,火车中读晋译《华严经》的《回向品》,作此解。

他从大风雨里过来,
向最高峰上去了,
山上只有和平,只有美,
没有压逼人的风和雨了。

他回头望着山脚下,
想着他风雨中的同伴,
在那密云遮着的村子里
忍受那风雨中的沉暗。

他舍不得他们,
他又讨厌山下的风和雨。
"也许还下雹哩。"
他在山上自言自语。

瞧呵!他下山来了,
向那密云遮处走。
"管他下雨下雹
他们受得,我也能受。"

十三年五月八日，印度诗人太戈尔六十四岁生日，北京新月社同人给他祝寿。我把这首诗写成横幅送给他。他要我译成英文，我勉强译了，钞在这里[1]。

（收入《胡适手稿》第九集）

---

[1]　原编者按：此文是为印度加尔加答艺术学院于1961年5月1日举办的"诗人太戈尔纪念画展"而做的，有行政院新闻局的英译，在 *Free China Review*（August 1961 Vol.XI No.8）上发表。

兴登堡

德国大总统兴登堡在8月2日死了。全世界对于这位八十七岁的大老,无论是他的同国人或异国人,无论是当年的同盟国或协约国,都表示最深厚的敬礼与哀悼。他的死,使德国失掉了一个重镇,使世界失掉了一个最伟大的人。

兴登堡的一生(1847—1934)亲眼看见普鲁士的强大,德意志帝国的统一,德国的强盛,欧战的始末,霍亨梭伦皇朝的颠覆,德意志共和国的建立,希忒拉政权的突起。人类历史上没有一个人的一身经过这样热闹而又重大的长期历史,而在每一个重要阶段上都出过大力,做过主角,并且能保持荣名,像他这样的。

他的一生可分作三个大段:从少年时代到他六十七岁为第一段;从他六十七岁再出来任第八路军总司令(1914)到欧战终了后他二次退隐,为第二段;从他七十八岁被选为德国第二任大总统（1925）到他死时，为第三段。他的第一第二两段的历史，有他的"自传"（Aus Meinem Leben，1920年出版；中文译本《兴登堡自传》，魏以新译，1934年商务印书馆出版，价一元六角）最可供爱敬他的人的玩读。

他生于普鲁士东部的波森，他的家族有了几百年的骑士遗风，父亲是个步兵少尉，母亲是个军医总监的女儿，所以他十一岁就进了军官学校。他在自传里说：

> 1859年一个春天的晚上，我那时是个十一岁的男孩，在瓦尔斯达军官学校栅栏门口，向我父亲告别。泪珠从我眼睛里滚下来。我看见泪落在我的军衣上，忽然想道："穿着这种衣服不准人孱弱，不准人哭。"我从小孩的痛苦中振作起来，虽然有点害怕，也就混到我那时的同学当中去了。（页一）

他不讳他自己"在最初绝不是一个模范学生，又很少特别研究学问的倾向"。但后来

> 我的好名心唤醒我去致力学术，结果一年好一年：最后竟给了我一个有特别天才学生的名誉，实在是不应得的。（页十二）

1866年他离开军官学校,以少尉资格入禁卫步兵第三团;几个月之后,他就参加普鲁士定霸的对奥战争了。四年之后(二十三岁),他又参加了德意志定霸的对法战争。战事终了之后,他考进陆军大学。大学的特别勤务完了,1877年他被调到参谋本部。在以后的三十四年中,他担任过陆军的各种职务,后来做了八年多的第四军团长,在1911年辞职退休,那时他已是六十四岁了。近日中国报纸上常提到他因为大操与德皇意见不合,所以退休;但他在《自传》里对于这一点有特别声明:

> 我在我军事履历上,达到的地位远超过我自来所敢希望的。目前没有战争,所以我承认给少年人让出路来,使他们上去,是一种义务,遂于1911年请求辞职。因为外面对于这事件有错误的传说,所以我明白宣言,我采取这个步骤并不是因为在军事或个人方面有任何间隙。(页六五)

他在这第一大段的陆军生活里,有许多观察是值得我们的记忆的。对于参谋本部的工作,他说:

> 参谋本部要算德国全部军队范围内一个最可注意的

机关。……由参谋将校平时的训练,可以担保在作战时所有高级官长都有一致的心情,一切官长的思想都为同一的液质所灌注。参谋本部的人对于官长的影响不是由章程规定的,多半要看各人的军事学的造诣及人格的特质,其程度至为不同。参谋将校的第一要件是在大众面前不要显出个人自身和个人的行为。他应该在人看不见的地方做事,有其实而无其名。(页五)

对于做步兵团长的职务,他有这样的观察:

我很努力在军官团中使他们具有中古骑士的思想;在各营中使他们习惯实际作战及严格纪律;但是除养成严格勤务观念外,也随处使他们喜欢勤务和独立自主。(页六十)

他这样一面注重严格训练,一面又鼓励独立自主,所以他在陆军大学五年训练出来的人才有许多都成为历史上有名的军事领袖,其中还有两个土耳其的参谋将校,后来一个做到元帅,一个做到上将。(页五八)

他做到军事最高长官(军团长)时,他说:

我总是十分重视部下爱我,因为我把这一点看作服

务成绩善良的根基之一。(页六二)

这句名言是可以做一切做领袖的人的座右铭的。

他在退休的闲逸生活中，全欧的大战忽然爆发了。在西线大胜利时，俄国用最大的兵力来压迫东普鲁士。东方的第八路军总指挥部已主张放弃外悉塞尔河以东的地方了。最高统帅部不主张放弃，所以决定撤换第八路的统帅。8月22日下午三点钟，德皇的一封电报来问兴登堡愿不愿马上去任职，他的回答是"愿意"，夜里三点钟他已到了火车站等候他的新参谋长鲁登多夫（Ludendorff），23日下午他们已到了第八路军的总指挥部了。

他的盖世英名起于松山（即是丹能堡，Tannenberg，松山是译意）的大战。那时俄国已运了八十多万兵，一千七百尊火炮到东普鲁士；而德国方面只能有二十一万兵，六百尊火炮。兴登堡到军中的那一天，即决定在三日后举行总包围攻击。8月26日开始大战，三天的血战消灭了三索诺夫（Samsonoff）将军的俄国大军。是为"松山之战"。

9月7日开始"马苏尔湖（Mazurian Lakes）之战"，打到9月10日，勒嫩坎夫将军（Rennenkampf）的二十多师大兵都败退了，兴登堡的军队不但完全解了东普鲁士的大危机，还一直追击到俄国的境内。

这两场大战都是历史上的大事,不用我们的详述。我们只引他的《自传》里的最可以表示他的风度的一段话:

> 恰恰一年之后,我打了一天的猎,星期日回来,经过音斯忒尔堡。我的汽车在市场上被拦阻了,据说因为那地方正在举行纪念本城解脱俄患一周年的感谢节。我只得迂道;人没有认识我。(页九七)

这两次大战以后,他又在波兰和俄国军队作战,把俄军打的大败,是为"洛治(Lodz)的大战"。

1916年8月,兴登堡被召为"野战参谋总长",这是德国的最高统帅(名义上德皇为大元帅)。鲁登多夫又做了他的次长。从此以后,直到战事终了,兴登堡主持了两年多的最高统帅部。这两年的历史的生活,我们也不用详记。我们从他的《自传》里,钞出他在大本营的日常生活如下:

> 我普通的日常事务,大约上午九点,即早晨报告之后,到鲁登多夫将军那里去,同他讨论情势的变化以及应付的方略。大半关于这方面的谈话都不很久,我们两人在战局中的生活未尝间断,互相认识我们的思想,所

以往往几句话便决定了，甚至往往只需几个字，就可以确定我们的同意，他就拿去做继续筹画的底子。

在这项讨论之后，我到野外作一小时的运动。

我回到办公处后，继续同鲁登多夫将军讨论，然后各课长在我工作房直接报告。

除开这种勤务工作之外，还须料理给我个人的信件。（信件的数目实在不少，其中有诗歌，有散文，也有想像不到的请求，例如住在智利的一个德国妇人失去了洗礼证书的事！）

中午时我照例到皇帝陛下那里报告。有必要时，请求皇帝批准我们的计划。中午时间有时也作与政府代表讨论之用。

向皇帝陈述完了，参谋部的军官都联合在我周围午餐。吃饭时间只限于绝对需要的限度。

下午的经过与上午相似。八点钟开始的晚餐，给我一个最长的休息。餐后大家坐在侧屋里，到九点半钟，鲁登多夫将军按时做个休息终了的记号。我们团体中的谈话大半都很活泼，无拘无束，愉快的时候也有。我以为辅助愉快是我对于同事的义务。

聚会之后，我们一齐到办公处去，那时每日的最后报告到了，于是绘定各战线的情况。参谋部的军官们现在从新开始工作。多半到了这时候才有起草和发出决定命令的最后根据。

　　日常工作从没有在半夜以前完结的。(页一六——一六三)

1918年7月以后，局面完全变坏了，不幸的事件接连的到来。11月初，德国革命开始了。在德皇还没有决定退位以前，"祖国"的人就宣布他退位了。兴登堡只有这样简短而光明的记载：

　　也有人想到用我们正面队伍回到国内去创造秩序。但是许多司令——都是值得十分信任和有极深刻见识的人物——宣言，我们队伍不要把正面移向本国。

　　我在那几小时内在我大元帅旁边。他把班师回国的任务付托与我。他走了，为的是节省祖国的新牺牲，为的是让它造成比较顺利的议和条件。(页三六)

他把全军班回国，交付给革命政府。到1919年6月，他才辞去德国陆军统帅的职务，回到退休的生活，那时他已七十二岁了。

1925年2月，德国第一次总统爱柏特死了，国内党争很激烈，右派各党没有适当的候选人，海军大将狄尔披兹主张只有请"老头子"出来。当时谁也不料兴登堡肯出来，所以他宣布肯出来候选时，全国都吃一惊。他得了二千四百多万的票，当选为第二任总统。起初人们都疑心他的当选暂时过渡的，他对皇室的忠心必定可以使他利用他的权力来做到帝制的复辟。但他就职时，他毫不迟疑的宣誓拥护祖国的宪法。无论是谁，凡知道他的人格和他对于宣誓的重视的，到此都相信他的誓言是不会改变的；都相信这位七十八岁的老军人在总统任内必定要维护民主宪法的。

果然，他在九年总统任内，从没有利用他的声望和地位来做危害宪法的行为。他屡次宣言，他是始终忠于旧皇室的，但国民的多数既然把维持宪法的大任付托给他，他不能不尽他的职任。他的光明磊落的态度，使许多当日拥戴他的王党朋友离开他，可也使无数的德国人更诚恳的爱敬他。

他的最大雄心是要用他的声望维持德国的统一，奠安国家的地位。所以他就职以后，每年到各地去游行演说，他的演说总是劝他的国人："忘了你们的党争，同心协力的来造成一个统一的祖国！"

他在他的自传里常说他自己不懂得政治，甚至于说他厌恶政治。但这九年的历史使世人都承认他是一个有远识的政治家。最可注意的是他曾用全力赞助司脱累斯曼（Stresemann）

的协和外交，终于做到《洛加诺》的条约，做到德国加入国际联盟。

1927年10月2日，他的八十岁生日，全德国的人民疯狂也似的到处举行盛大的庆祝，人民自动的捐集了一千万金马克，作为"兴登堡基金"，用来救济大战时的伤兵家属。

近年极端的国社党在短时期之中取得德国政权，他们的极端主张是兴登堡所不能赞同的。但他是一个守法的总统，他不肯滥用他的地位和声望来做违背一个时代的民意的行动。他很镇静的把政权交付了希忒拉。近日中国报纸颇说希忒拉的极端政策所以不曾全见于实行，是由于兴登堡的影响。这种看法也许只是一种猜测。但这样一个"中流砥柱"的大老，他的道德上的镇定在那个不幸的国家之中必然有绝大的精神上的影响，是毫无可疑的。

他在他的《自传》的末尾，很坚强的表示他对他的国家民族前途的大信心。他的最后一句话是：

我在这种信心之中，从手里把笔放下，坚定的信赖你——德国少年！（页三六四）

1934，8，6兴登堡国葬之前夜
（原载1934年8月12日《独立评论》第113号）

林琴南先生的白话诗

林琴南先生(纾)在民国七八年之间,最反对白话文学的运动。他有书给蔡孑民先生,攻击当日几个提倡白话文的教授;又作了几篇小说,丑诋蔡先生、陈独秀先生、钱玄同先生和我。白话文学的运动开始以来,反对的人很不少;但最出力的,在新少年中要算学衡社的几位先生,在老年中要算林先生了。

然而林琴南先生上月去世的时候,北京有几家报纸竟引我的《五十年来的中国文学》里论林先生的话来做他的盖棺定论!这真是林先生生前梦想不到的事。

现在我要做的一件事,更是林先生梦想不到的。我要发表林琴南先生三十年前做的白话诗。

二十八年前(光绪丁酉,1897)正当维新运动将成立的时期,国中的知识阶级受了种种外患的刺激,大家都期望做一番改革的事业。富国，强兵，兴学堂，开风气，开通民智，废八股，废缠脚……的喊声，到处都听得见。在通商口岸，这种喊声更是热闹。当日确有一班新人物，苦心苦口地做改革的运动。林琴南先生便是这班新人物里的一个。

那时候，林琴南先生受了新潮流的影响，做了几十首新乐府，批评种种社会制度的不良，发表他的革新意见。这些话都可算是当日的白话诗。当时曾印了一千部行世，原名为《闽中新乐府》。现在此书的印本已很不容易得了。去年我在南方时，高梦旦先生写信给我，说他家中有人从破纸堆里捡得此书。高先生选钞了一部分寄给我，说可为"五十年文学史的材料"；又说："可以见思想变迁之易，而稚晖先生真不可及也！"高先生的话真不错：林先生的新乐府不但可以表示他的文学观念的变迁，并且可以使我们知道五六年前的反动领袖在三十年前也曾做过社会改革的事业。我们晚一辈的少年人只认得守旧的林琴南而不知道当日的维新党林琴南；只听得林琴南老年反对白话文学，而不知道林琴南壮年时曾做很通俗的白话诗，——这算不得公平的舆论。所以我把这些诗选了几首，托《晨报》纪念号发表出来。

村先生　　讥蒙养失也

村先生，貌足恭，训蒙《大学》兼《中庸》。古人小学进大学,先生躐等追先觉,古人登高必先卑,先生躐等追先知。童子读书尚结舌,便将大义九经说。谁为"鱼跃"执"鸢飞"?且请先生与"式微"。不求入门骤入室,先生学圣工程疾。村童读书三四年,乳臭满口读圣贤。偶然请之书牛券,却寻不出"上下论"。书读三年券不成,母咒先生父成怨。我意启蒙首歌括,眼前道理说明豁。论月须辨无嫦娥,论鬼须辨无阎罗,勿令腐气入头脑,知识先开方有造。解得人情物理精,从容易入圣贤道。今日国仇似海深,复仇须鼓儿童心。法念德仇亦歌括,儿童读之涕沾襟。村先生,休足恭;莫言芹藻与辟雍。强国之基在蒙养,儿童智慧须开爽,方能陵驾欧人上。

小脚妇　　伤缠足之害也

(1)

小脚妇,谁家女?裙底弓鞋三寸许。下轻上重怕风吹,一步艰难如万里。左靠嬷嬷右靠婢,偶然蹶之痛欲死。问君此脚缠何时?奈何负痛无了期,妇言,侬不知。五岁、六岁才胜衣,阿娘做履命缠足,指儿尖光腰儿曲;号天叫地娘不闻,宵宵痛楚三更哭。床头呼阿娘:"女儿疾病娘痛伤,女儿颠跌娘惊惶;儿今脚痛入骨髓，儿自凄凉娘弗忙"。阿娘转笑慰娇女："阿娘少时亦如汝。但求脚小出人前，娘破功夫为汝缠。"岂知缠得脚儿小，筋骨不舒食量少。无数芳年泣落花，一弓小墓闻啼鸟。

（2）

破屋明斜阳，中有贤妇如孟光，搬柴做饭长日忙，十步九息神沮伤。试问何为脚不良。妇看脚，泪暗落。缠来总悔当时错。六七年前住江边，暴来大水声轰天，良人鱼贩夜不反，娇儿娇女都酣眠。左抱儿，右抱女，娘今与汝归何所？阿娘脚小被水摇，看看母子随春潮。世上无如小脚惨，至今思之犹破胆。年来移家居傍城，嘻嘻火鸟檐间鸣，邻火陡发鬼神惊，赤脚抛履路上行。指既破，跟且裂，足心染上杜鹃血。奉劝人间足莫缠，人间父母心如铁，听侬诉苦心应折。

（3）

敌骑来，敌骑来，土贼乘势吹风埃，逃兵败勇哄成堆。挨家劫，挨家杀，一乡逃亡十七八。东邻健妇赤双足，抱儿夜入南山谷，釜在背，米在囊，蓝布包头男子妆，贼来不见身幸藏。西家盈盈人似玉，脚小难行抱头哭；哭声未歇贼已临，百般奇辱堪寒心。不辱死，辱也死；寸步难行始至此，牵连反累丈夫子。眼前事，实堪嗟，偏言步步生莲花。鸳鸯履，芙蓉绦，仙样婷婷受一刀。些些道理说不晓，争爱女儿缠足小，——待得贼来百事了！

百忍堂　　全骨肉也

（1）

百忍堂前善气祥，百忍堂后戾气殃。家庭贵和不贵忍，请言流弊百忍堂。张公初意原持正，公平二字操家政，纵有烦言出女流，只妆聋聩心无竞。有张公，焉得争？非张公，便不行。我今试画妇人心，忍之为害江河深。一家安得无贵贱？同槽共食谁相炫？惟有裙钗辨最精，微言琐语揣摩遍。阿兄新选官，夫人例进金蝉冠；叔姒成行少颜色，无风水渐生波澜。床头咨丈夫，青衫何异舆台躯？朝言暮语郎心变，铮铮气节家庭见。不遵约法但称高，帷房日亦声嘈嘈。恶声先及兄婢仆，非理责人人不服。婢立遣，奴立逐：笑在眉梢怒在腹。不羡阿兄气量宽，只言贫贱作人难。缙绅尚如此，庶民更猥鄙。兄无钱，弟有钱；今日钏，明日钿。锦绣折叠和衣眠。后房老嫂衣衾薄，坐近薰笼声瑟索；无论势利起家庭，第言一本殊哀乐。我思张公当此时，惟行宗法能一之，哀多益寡无参差。孰知妇人心，又有一番语：我用丈夫钱,此事何关汝?阿兄无藉落拓人,衣食出我夫妇身。伯姒生儿制文褓,即夺吾儿坐上茵。张公此际将何术?岂能七出持刑律?只有冥心不见闻,闺房戾气成游氛。须知筵席无不散,何苦相聚成冰炭?许武曾闻析产居,比君高义当何如?妇人相近则相妒,公平析产古无数。产析仍深骨肉情,半丝半颗相关顾。感人容易情亦生,才破妇人心上痼,才破妇人心上痼!

(2)

我思百忍堂,最穷是家督。焉能以己心,尽体人衷曲?譬如一家中,四人亲手足;长兄最早娶,生儿至五六;仲氏亦多男,未育者季叔。兄子秋来攀桂花,满堂纨缦如红霞;公车去盻南宫榜,往返川资三百两。次子春来复采芹,鹏程万里济青云;卯金又向公房出,一时支应殊纷纭。以次男女论嫁娶,衣筪镜奁渐无度,度支绌处卖庄田,酬应烦多须费钱。叔季兰徵尚未兆,兄自用多我用少。叔娣宵来痛澈心,季娣衔愤尤深沉,长兄仍自持公义,一衫一裤咸无异。兄动裁衣十袭余,弟仅夫妇袍与襦。二兄女儿纷成队,叔季夫妻徒向隅。长兄仍不将家析,思将百忍追前哲。本愿公平却不公,产微累重一时空。诸郎尚恃先畴在,齐齐意气矜湖海。家督心殚衅始分,釜甑以外无公文。叔季此时却生子,艰难不如诸兄比。头不冠，脚不履。阿娘痛忿胸怀里。"尔父心仪百忍堂，一生只益长兄房。长兄百事已楚楚，无食无衣难为女。"试请张公听此语。

棠梨花　　刺人子惑风水之说不葬其亲也

棠梨花，为谁好？三椽权屋迷春草。屋是城中显宦家，二十年前才告老。南庄屋，北庄田，岁入百间百万钱。钟停漏歇主翁病，死时吊客如云盛。枕块方披孝子哀，开场先下地师聘。地师来洋洋，奴仆相扶将。地师病嗽需梨浆，地师嗜酒陈杯筯；地师烟瘾芙蓉香，银灯照耀地师床。地师怒且语，主人伏如鼠。地师欢笑主起舞，明朝得地生制府。地师登山腰舆高，山佃疾尾如猿猱。朋奸齐心作主贼，地师山佃甘如蜜。分赃不均忽懊恼，地师山佃辞颠倒。主人右地师，但求吉地无嫌迟。一年水患田不收，二年火患焚高楼。三年盐业败垂尽，主人日夕怀隐忧。长生库质黄金钿，华堂犹设地师膳。还期富贵墓中来，山南山北搜寻遍。地师橐未实，主人风水须时日。孰过荒凉权屋前？落叶成堆秋瑟瑟。地师地师道葬经，何不自家安先灵？妖言惑众干天怒，人祸虽逃有鬼刑。

破蓝衫　　叹腐也

破蓝衫，一着不可脱，腐根在内谁能拔？案上高头大讲章，虚题手法"仁在堂"。子史百家在杂学，先生墨卷称先觉。腐字腐句呼清真，熟字连篇不厌陈。中间能炼双搓句，即是清才迥出尘，捷秋闱，试南省，丝纶阁下文章静。事业今从小楷来，一点一画须剪裁。五言诗句六行折，转眼旋登御史台。论边事尊攘，咬定春秋义。边事凄凉无一言，别裁伪体先文字。吁嗟呼，堂堂中国士如林，犬马宁无报国心？一篇制艺来双手，敌来相顾齐低首。我思此际心骨衰，如何能使蒙翳开？须知人才得科第，岂关科第求人才。君不见曾左胡，岳岳人间大丈夫。救时良策在通变，岂抱文章长守株。

（原载1924年12月31日《〈晨报〉六周年纪念增刊》）

《师门五年记》序

我的朋友罗尔纲先生曾在我家住过几年,帮助我做了许多事,其中最繁重的一件工作是钞写整理我父亲铁花先生的遗著。他绝对不肯收受报酬,每年还从他家中寄钱来供他零用。他是我的助手,又是孩子们的家庭教师,但他总觉得他是在我家做"徒弟",除吃饭住房之外,不应该再受报酬了。

这是他的狷介。狷介就是在行为上不苟且,就是古人说的"非其义也,非其道也,一介不以与人,一介不以取诸人"。(古人说"一介"的介是"芥"字借用,我猜想"一介"也许是指古代曾作货币用的贝壳?)我很早就看重尔纲这种狷介的品行。我深信凡在行为上能够"一介不苟取,一介不苟与"的人在学问上也必定可以养成一丝一毫不草率不苟且的工作习惯。所以我很早就对他说,他那种一点一画不肯苟且放过的习惯就是他最大的工作资本。这不是别人可以给他的，这是他自己带来的本钱。我在民国二十年秋天答他留别的信，曾说：

> 你这种"谨慎勤敏"的行为，就是我所谓"不苟且"。古人所谓"执事敬"，就是这个意思。你有美德，将来一定有成就。

第二年他在贵县中学教国文，寄了两条笔记给我看，一条考定李清照《金石录后序》的"王婶"是"王涯"之误；一条是考定袁枚祭妹文的"诺已"二字出于《公羊传》，应当连读，——我回他的信，也说：

> 你的两段笔记都很好。读书作文如此矜慎，最可有进步。你能继续这种精神，——不苟且的精神，无论在什么地方，都可有大进步。古人所谓"于归而求之，有余师"，真可以转赠给你。

我引这两封信，要说明尔纲做学问的成绩是由于他早年养成的不苟且的美德。如果我有什么帮助他的地方，我不过随时唤醒他特别注意：这种不苟且的习惯是需要自觉的监督的。偶然一点不留意，偶然松懈一点，就会出漏洞，就会闹笑话。我要他知道，所谓科学方法，不过是不苟且的工作习惯，加上自觉的批评与督责。良师益友的用处也不过是随时指点出这种松懈的地方，帮助我们做点批评督责的工作。

尔纲对于我批评他的话，不但不怪我，还特别感谢我。我的批评，无论是口头，是书面，尔纲都记录下来。有些话是颇严厉的，他也很虚心地接受。有他那样一点一画不敢苟且的精神，加上虚心，加上他那无比的勤劳，无论在什么地方，他都会有良好的学术成绩。

他现在写了这本自传，专记载他跟我做"徒弟"的几年生活。我一口气读完了这本小书，很使我怀念那几年的朋友乐趣。我是提倡传记文学的，常常劝朋友写自传。尔纲这本自传，据我所知，好象是自传里没有见过的创体。从来没有人这样坦白详细的描写他做学问的经验，从来也没有人留下这样亲切的一幅师友切磋乐趣的图画。

       胡适　三十七年八月三日在北平
（收入1958年12月胡适自印本《师门五年记》，又收入罗尔纲著：《师门五年记、胡适琐记》，1995年5月北京三联书店出版）

附：《师门五年记》后记

尔纲这本自传是1945年修改了交给卢吉忱的。后来吉忱要我写一篇短序，我的序是1948年8月才写的。可能是我的序把这书的付印耽误了。1948年8月以后，吉忱就没有印这书的机会了。1952年我在台北，问吉忱取得此书的修改稿本。1953年我去美国，就把这稿子带了去。

如今吉忱去世已好几年了。尔纲和我两人，成了"隔世"的人已近十年了。

这几年里，朋友看见这稿子的，都劝我把他印出来。我今年回国，又把这稿子带回来了。我现在自己出钱把这个小册子印出来，不作卖品，只作赠送朋友之用。

1958年12月7日晨胡适记于台北县南港中研院
（收入1958年12月胡适自印本《师门五年记》）

《胡思永的遗诗》序

这是我的侄儿思永的遗诗一册。思永是我的三哥振之（洪）的儿子，生于清光绪癸卯（1903）。三哥患肺痨已久，生了两个儿子都养不大，最后始生思永。生他的第二年（1904）三哥就同我出门到上海，我去求学，他去就医。他到上海刚六个星期，医治无效，就死了。那时思永刚满一岁。

思永禀受肺痨的遗传很深。做小孩时，他的手足骨节处常生结核，虽幸而不死，然而一只手拘挛不能伸直，手指也多拘挛的，一只脚微跛，竟成了残废的人。民国八年（1919）他到北京之后，身体颇渐渐健旺。八年秋间，他考进南开中学；九年春秋，他愿意仍回到我家里自修，我当时正主张自修胜于学校教育，故也赞成他回家自修。十一年一月他回绩溪去看他的母亲，春天由新安江出来，在杭州、上海之间玩了四、五个月。北回后，再进南开中学，不久就病了。十二月中回北平，延至十二年四月十三日就死了。中医说他是虚痨已成，协和医院的医生说他是"阿迭生病"，是一种腺中结核，是不治之症，他死时只有二十一岁。

他的遗稿只有这一册遗诗，和无数信稿。他长于写信，写的信都很用气力。将来这些信稿收集之后，也许有付印的机会。

这些诗，依他自己的分配，分作三组。第一组——《闲望》——是八年到十年底的诗。原稿本不多，我又替他删去了几首，所以剩下的很少了。第二组——《南归》——是十一年一月到七月的诗。这一组里，删去的很少。第三组——《沙漠中的呼喊》——是十一年八月到十二月的诗，没有删节。

思永从小的时候就喜欢弄文学，对于科学的兴趣很冷淡。白话文学的起来，解放了他的天才，所以他的进步很快。他和江泽涵、周白棣们做的诗，常常不签名字，彼此交换抄了，拿来给我看，我往往认得出那是他的诗。他自己也知道他的天性所近，也就自认作将来的诗人。所以他诗还没有做几首，诗序却已有了一长篇。这篇长序，他自己后来很否认，用朱笔涂抹到底，自己加上"不成东西！""笑话，笑话！"的批语。但我仍把这篇序保存了，作为一件附录，因为这篇序至少可以表示他当十八岁时对于诗的见解。后来他自己以为他超过这种见解了；殊不知道这种见解正是他得力的地方，他始终不曾完全脱离这种见解。

他在那篇序里曾说：

> 我做的诗却不象白棣的诗一样，十首就有八首含有努力的意思，前进的意思；也不象泽涵一样，十首就有八首安慰自己的意思。我的诗只求表出我的感触，我的意思，我的所见。

这是他自己的评语，我们至今还觉得这句话不错。

他又指出他的诗的许多坏处，并且说：

> 一个做诗的人，无论是做寓意的诗，写实的诗，都应该用自然的景色做个根底，都应该多多的接近自然的景色。

他不信闭门造车的死法子，并且引我告诉他的一个实例。这个实例，他说的不明白，我替他重说一遍罢。我对他说，做诗要用实际经验做底子，写天然景物要从实地观察下手；不可闭眼瞎说，乱用陈套语。民国前一年我在美国做了一首《孟夏》的诗，内中有一句"榆钱亦怒茁"。当时一位同学朋友邹先生就指出榆钱是榆子,不是榆叶。从此以后,我不敢乱用一句不曾自己懂得的文学套语。思永对于这一层意思似乎很承认。我们读他的诗,知道他是朝着这个方向努力的。

他又说他的诗还有许多缺点:

> 一、学问不足;二、所受的激刺不深;三、心太冷。……我很希望我能够吃一剂猛烈的兴奋药,给我一个强大的激刺,提起我努力学问的观念,燃烧我快要冰冷的心!

这很象一个疲乏的人立定主意去吸鸦片烟,打吗啡针,有意去尝试那"强大的激刺"的滋味。后来他在南方,恋爱着一个女子,而那个女子不能爱他。恋爱和失恋——两种很猛烈的兴奋药——果然刺激起了他的诗才,给了他许多诗料。《南归》的一大半和《沙漠中的呼喊》的一大半都是这种刺激的产儿。

他的抒情诗之中,有几首是必定可传的。如《月色迷朦的夜里》里:

> 在月色迷朦的夜里,

> 我悄悄的走到郊外去,
> 找一个僻静无人的地方,
> 把我的爱情埋了。
> 我在那上面做了一个记号,
> 不使任何人知道他。
> 我又悄悄的跑回家,
> 从此我的生命便不同了。
> 我很想把他忘了,
> 只是再也忘记不去!
> 每当月色迷朦的夜里,
> 我总在那里踯躅着!

又如《寄君以花瓣》:

> 寄上一片花瓣,
> 我把我的心儿付在上面寄给你了。
> 你见了花瓣便如见我心,
> 你有自由可以裂碎他,
> 你有自由可以弃掉他,
> 你也有自由可以珍藏他:
> 你愿意怎样就怎样罢。

>寄上一片花瓣,
>我把我的心儿付在上面寄给你了。

他的诗,第一是明白清楚,第二是注重意境,第三是能剪裁,第四是有组织,有格式。如果新诗中真有胡适之派,这是胡适之的嫡派。

但思永中间也受过别人的大影响。如《南归》中的《不》、《中肯的慰问》,他自己对我说是受了太谷尔的诗的译本的影响。又当周作人先生译的日本小诗初次发表的时候,思永面受的影响也很不少。《南归》中有《短歌》四十九首,其中颇有些很好的,例如:

27
请你宽恕我,照前一样的待我,——
这两日的光阴真算我有本事过去。

49
但愿不要忘了互相的情意,便不见也胜于常见了。

思永自己盼望的"强大的激刺"果然实现了。但他的多病而残废的身体禁不住这"一剂猛烈的兴奋药",后来病发,就不起了。他的梦中的呼号是:

> 这是最后的刹那了!
> 这是最后的接吻了!
> 真正长久的快乐我们已无望,
> 永久的悲哀也愿意呵!

　　思永最后的几个月的诗,多是病态的诗,怨毒的悲观充满了纸上。我在十一年十月中收到他的《祷告》一诗(登在《努力》第廿八期)之后,即写信给他,说少年人作如此悲观,直是自杀。但他的心理病态也是遗传的一部分,到此时期随着不幸的遭遇与疾病而迸发,是无法可以挽救的。他的《二次的祷告》中说:

> 主呀!我不求美丽的花园,
> 不求嵯峨的宫殿,
> 不求进那快乐的天国,
> 我只求一块清净无人的土地!
> 那儿,在绵亘千里的树林中,
> 在峰岩重叠的高山上,
> 在四望无际的沙漠里,
> 甚至在那六尺的孤坟内。
> 只要看不见那人们的触目,

随便那里都可以的,

随便那里我都愿意。

主呀!请允了我这个小小的要求罢!

    这是一个少年诗人病里的悲愤,我盼望读他的诗的人赏玩他遗留下的这点点成绩,哀怜他的不幸的身体与境遇;我祷祝他们不至于遭际他一生的遭际!

1924年9月2日

(收入《胡思永的遗诗》,1924年上海亚东图书馆出版)

介绍一本最值得读的自传
《克难苦学记》序

沈宗瀚先生的《克难苦学记》,是近二十年来出版的许多自传之中最有趣味、最能说老实话、最可以鼓励青年人立志向上的一本自传。我在海外收到他寄赠的一册,当日下午我一口气读完了,就写信去恭贺他这本自传的成功。果然这书的第一版很快的卖完了,现在就要修改再版。沈先生要我写一篇短序,我当然不敢推辞。

这本自传的最大长处是肯说老实话。说老实话是不容易的事;叙述自己的家庭、父母、兄弟、亲戚,说老实话是更不容易的事。

一千八百多年前,大思想家王充(他是汉朝会稽郡上虞县人,是沈先生的同乡)在他的《自纪》篇里,曾这样的叙述他的祖父与父亲两代:

> 祖父汎，举实担载，就安会稽，留钱唐县，以贾贩为业。生子二人：长曰蒙，少曰诵。诵即充父。祖世任气，至蒙、诵滋甚。故蒙、诵在钱唐，勇势凌人，末复与豪家丁伯等结怨，举家徙处上虞。

这是说老实话。当时人已嘲笑他"宗祖无淑懿之基，……无所禀阺，终不为高"。六百年后，刘知几在《史通》的《序传》篇里，更责怪他不应该"述其父母不肖，为州闾所鄙"，"盛矜于己，而厚辱其先"。一千六百年后，惠栋、钱大昕、王鸣盛诸公也都为了这一段话大责备王充。王充说的话，在现在看来，并没有"厚辱其先"，不过老老实实的说他的祖父、伯父、父亲都有点豪侠的气性，所以结怨于钱唐的"豪家"。然而这几句老实话就使王充挨了一千八百年的骂！

沈先生写他的家庭是一个农村绅士的大家庭。他的村子是一个聚族而居的沈湾村，全村二百户，七百人，都是沈族。村人贫富颇平均，最富的人家也不过有田二百多亩，最贫的也有七、八亩。农家每日三餐饭，全村没有乞丐，百年来没有人打官司。这是一个典型的江南农村社会。沈先生自己的家庭就是这个农村社会里一个中上人家。他的祖父水香先生，伯父少香先生，父亲涤初先生都是读书人，都是秀才，又都能替人家排难解纷。所以，他家是一个乡村绅士人家。

沈先生的祖父生有四男四女，他的伯父有五男二女，他的父亲有六个儿子。沈先生刚两岁（1890年）时，这个大家庭已有二十多口人了。于是有第一次的"分家"。分家之后，"祖田除抵偿公家债款之外，尚留田四十三亩，立为祖父祭产"。涤初先生自己出门到人家去教书，每年束脩只有制钱四十千文。家中有租田十二亩，雇一个长工及牧童耕种，每隔一年可以收祖宗祭田约二十亩的租钱。每年的收入共计不过一百五十银元。不过这个小家庭已有四个男孩子了。长工是要吃饭的，这就是七口之家了。沈先生的母亲一个人要料理家务，要应付七口的饭食，要管办父子五人的衣服鞋袜。所以他家每日三餐之中要搭一餐泡饭，晚上点菜油灯，只用一根灯芯，并用打火石取火。

这是这个家庭的经济状况。

沈先生十五岁时（1908年），他考进余姚县洒门镇私立诚意高等小学堂。因为家贫，取得"寒额"的待遇，可免学宿膳费。他在这学堂住了四年，民国元年（1912年）冬季毕业。这四年之中，他父亲供给了他七十二元的学校费用（包括书籍杂费）。他说，"此为吾父给余一生之全部学费也"。

他十八岁才毕业高等小学。那时候，他家中的经济状况更困难了,他父亲不但无力供给他升学,并且还逼迫他毕业后就去做小学教员,要他分担养家的责任。这个"继续求学"与"就业养家"的冲突问题,是沈先生青年时代的最大困难,也是他的《克难苦学记》的中心问题。他父亲说的最明白:

> 如吾有田,可卖田为汝升学;如吾未负债足以自给,吾亦可送汝升学。乃今债务未了,利息加重,必须每年付清利息。如无汝之收入,吾明年利息亦不能支给。奈何!(页24)

但他老人家究竟是爱儿子的明白人,他后来想明白了,不但不反对儿子借钱升学,还买了一只黄皮箱送给他!于是,他筹借了四十多块银元,到杭州笕桥甲种农业学校去开始他的农学教育了。

沈先生在这自传里写他父亲涤初先生屡次反对他升学,屡次逼他分担家用,屡次很严厉的责怪他,到头来还是很仁慈的谅解他,宽恕他。最尖锐的一次冲突是民国三年,他老人家坚决的不许他儿子抛弃笕桥甲种农校而北去进北京农业专门学校。他老人家掉下眼泪来,对儿子说:

……我将为经济逼死。你即使能毕业北京农业学校,你心安乎?!

这一次他老人家很生气,逼着儿子写悔过书给笕桥陈校长,逼着他回笕桥去。儿子没法子,只能用骗计离开父亲,先去寻着他那在余姚钱庄做事的二哥,求他借四十银元做北行的旅费,又向他转借得一件皮袍,就跟他的同学偷跑到上海,搭轮船北去了。

他进了北京农业专门学校做预科旁听生。过了半个月,父亲回信来了,虽然说母亲痛哭吃不下饭,但最后还答应将来"成全"儿子求学的志愿。又过了一个月,父亲听说借皮袍的人要讨还皮袍了,他老人家赶紧汇了四十银元来,叫儿子另买皮袍过冬!

经过很困难的四整年,作者在北京农业专门学校毕业了。那是民国七年六月,他二十四岁,已结婚三年了。他不能不寻个职业好分担那个大家庭的经济负担。经过了几个月的奔走,他得了一个家庭教师的工作,每月可得四十银元,由学生家供给膳宿。

父亲要他每月自用十元,寄三十元供给家用并五弟的学费。他在北京做家庭教师的两年,是他一生最痛苦的时期(民国七年到九年春)。他那时已受洗礼,成为一个很虔诚的基督徒了。但他有时候也忍不住要在日记里诉说他的痛苦。自传里（第65页）有这一段最老实也最感人的记载：

父来谕责难。民八阴历年关，父病，指责更严厉，余极痛苦。(九年)一月二十日记云："夜间写父禀，多自哀哀彼之语。书至十一点钟，苦恼甚，跪祷良久，续禀。……我节衣缩食，辛苦万状，他还说我欠节省。我不请客，不借钱，朋友都说我吝啬，他还说我应酬太多。我月薪四十元，东借西挪，以偿宿债，以助五弟，他还要我事养每月三十元。唉！我的父亲是最爱我的，遇了债主的逼债，就要骂我，就要生病。他今年已六十四岁，从十六岁管家，负债到如今，自朝至暮，勤勤恳恳的教书，节衣缩食，事事俭省，没有一次专为自己买肉吃。我母买肉给他吃，他还要骂她不省钱。我去年暑假回去，他偏自己上城买鱼肉给我吃，这鱼肉实在比鱼翅、燕窝好吃万万倍！他骂我欠节省，我有时不服，但看他自己含辛茹苦，勤奋教书的光景，我就佩服到万分。他爱我，我有时忘了。如今想起来，他到贫病交迫的光景，我为何不救！我囊中只剩几十个铜子，一二个月内须还的债几至百元，五弟又要我速寄十元，我此时尚想不着可借的人。……我实在有负我可爱的父亲,但我实在无法。求上帝赐福给我的父,祝我谋事快成功。

我定要偿清我父的债。

我相信,在中国的古今传记文学里,从没有这样老实、亲切、感动人的文字;也从没有人肯这样、敢这样老实的叙述父子的关系,家庭的关系。

这样一个家庭,多年积下来的债务要青年儿孙担负,老年的父母要青年的儿子"事养",儿子没有寻着职业就得定婚、结婚、生儿女了,更小的弟妹也还需要刚寻到职业的儿子担负教育费。——这样的一个家庭是真可以"逼死英雄汉"的!试读沈先生(第55页)民国七年十一月一日的日记:

父谕命余月寄三十元。惟迄今二月之薪金已告罄。奈何!……苟无基督信仰,余将为钱逼死矣。

沈宗瀚先生自传的最大贡献就是他肯用最老实的文字描写一个可以"逼死英雄汉"、可以磨折青年人志气的家庭制度。这里的罪过是一个不自觉的制度的罪过,不是人的罪过。沈先生的父母都是好人,都是最爱儿子的父母,不过他们继承了几千年传下来的集体经济的家庭制度,他们毫不觉得这个制度是可以逼死他们最心爱的青年儿子的,他们只觉得儿子长大了应该早早结婚生儿女,应该早早挣钱养家,应该担负上代人积下来的债务,应该从每月薪水四十元之中寄三十元回家;他们只觉得这都是应该的,都是当然的。描写一个最爱儿子的好父亲,在不知不觉之中,几几乎造成叫一个好儿子"为钱逼死"的大悲剧。这是这本自传在社会史料与社会学史料上的大贡献,也就是这本自传在传记文学上的大成功。

沈先生所谓"克难苦学",他所谓"难",不仅是借钱求学的困难,最大的困难,在于他敢于暂时抛弃那人人认为当然的挣钱养家的儿子天职。他在十七岁时（辛亥,1911年）,已受了梁任公的《新民丛报》的影响,激动了"做新民、爱国家"的志向;又受了曾文正、王阳明的影响,他立志要做一个有用的好人。他说（第23页）:

> 余生长农村,自幼帮助家中农事、牧牛、车水、除草、施粪、收获、晒谷、养蚕、养鸡等,颇为熟练,且深悉农民疾苦,遂毅然立志为最大多数辛勤之农民服务。

这样他决定了他终身求学的大方针：学习农业科学，为中国农民服务。

在他决定的这个求学方向上，那个农村社会同耕读家庭的生活经验都成了他很重要也很有帮助的背景了。我们知道他父亲有租田十二亩，后来父亲历年培种兰花，母亲历年养蚕与孵小鸡，节省下来的余钱又添置了租田三十二亩。父亲出门教书了，儿子们还没有长大，家中雇一个长工耕种，又雇牧童帮忙。他家兄弟六人，大哥终身教书，二哥在本县钱庄做事，三哥自幼在家耕种。自传（第29页）说：

> 三哥自幼由吾父之命，曾在村中最优秀之二农家工作五年，尽得其经验。父常称彼辈为师傅，三哥为徒弟。五年后，三哥归家种田，对于栽培经验胜于常人。

又说：

> 余肄业农校，每年暑假回乡时，将一学期所得农业学理与吾父母大哥三哥等讨论，有时叔父、从兄等亦来参加。余常与三哥下田工作，兴趣甚浓。余教三哥蔬菜施肥方法，试以讲义上所述方法在茄地上施肥，先将茄株周围挖小沟一圈，施入人粪尿，然后以土复粪，谓可

以防止氮气之蒸发。三哥深以为然。

一日，族兄仁源来问防止蔬菜叶虫方法，余告以施用石油乳剂。然彼施后，因浓度过高，致菜焦枯。

又一日，叔父咸良来问水稻白穗原因，余则在田中拔白穗之茎，剥茎，出茎内螟虫示之。彼大惊服，遂以稻瘟神作案之说为迷信。

综计余所告各种方法，实施后有效者果有之，无效者亦不少。且对许多问题尚不能解答。余对彼辈栽培水稻豆麦等经验甚为佩服。

这种活的经验，在沈先生的农学教育上有无比的价值。因为，他有了这种活的农场经验，他才可以评判当时农学校的教材与方法的适用或不适用。才可以估量每个教员的行不行。

他说：

斯时（杭州笕桥）农校教师，除陈师宗以外，多译述日文笔记充教材，不切合实际情况。昆虫学常以日本《千虫图解》充当标本，从未领导学生至野外采集。余偶采虫问之，彼即以之与《千虫图解》对照，加以臆测，亦从未教余等饲虫研究。园艺教员授蔬菜，则亦多译日文讲义数册，而未尝实地认识蔬菜，亦不调查栽培留种等方法。作物教员因在日本学畜牧，乃译述《牧草》讲义，而于笕桥最著名之药用作物从未提及。教室与环境完全隔绝。田间实习仅种萝卜白菜，或作整地、除草、施肥等工作。(余)常觉实习教员之经验远不及三哥也。故自第二年级起，余对农校功课渐感不满，深恐将来只能在纸上空谈，不切实际，于国何用（29—30页）？

不但中等学校不能满足这个来自田间的好学生的期望，当时的北京农业专门学校也逃不了他的冷眼批评。他说：

> 北农预科之英文、理化、博物等课，较笕农为深。唯博物一科仍用书本及日本标本为教材，不免失望（第38页）。

> 国立北京农业专门学校本科一年级……功课为无机化学、植物、地质、土壤、作物、昆虫、农场实习、英文、数学等。除英文、数学外，概用中文讲义。教员多以讲义及日本标本敷衍了事，殊感失望。

这个有农田经验的好学生到了农业本科三年级，才有力量从消极的失望作积极的改革活动，才提议改换三四个不良的教员，如英文、园艺、农场实习等课的教授。那时候，金仲藩（邦正）来做校长，添聘了邹树文、王德章等来教授农学；设朝会，金校长亲自主持，训勉为人道德，校长与诸师同来饭厅，与学生同桌共餐，"全校精神为之一振"。

但这个开始改良的农专，不久就起了风潮，金校长辞职，他请来的一班好教员也都走了。"半月之后，校长虽然回来收拾风潮，但那些教员从此辞职不复返矣。"

沈先生在国内学农科，到北农本科毕业为止，前后不过五年多（民国二年一月到七年六月），他的记载因为都是老实话，很可以作教育史料。他的评判并不偏向留美学农的教员，也并不限于消极的批评。例如他说：

> 余在北农所得教益最多者，为许师叔玑（留日）之农政学、农业经济、畜牧及肥料；吴师季卿（留日）之无机、有机及分析化学；章师子山（留美）之植物病理学；汪师德章（留美）之遗传学及金校长仲藩之朝会训话。……（第46页）
>
> 汪师教遗传学极为清晰，余对曼德尔遗传定律自此明瞭。

这也是教育史料。

沈先生学农有大成就,他的最大本钱并不是东借西挪的学费,乃是他幼年在农田里动手动脚下田施粪的活经验与好习惯。所以,他在笕桥农校的第一年,二月间即实习制造堆肥,

> 先集牛粪与稻草,层叠堆上,然后用水及粪尿润湿之,以脚践踏,人以为苦,余独轻易完工。师生颇惊奇之(第28页)。

所以,他后来在常德种棉场服务,他就

> 决定日间与农友下田同工,并调查农事,一以监工,一以学习农民植棉方法,知其优劣。早、晚读棉业及其他农学书籍,期以学理与实用贯通,手脑并用。故早饭后即赤脚戴笠荷锄与农夫同去工作(第69页)。

所以,他后来在南京第一农校教昆虫学,他遂一方面先自采集附近昆虫,参照日本《千虫图解》以定其科属,……一方面解剖主要昆虫,以认识口器头胸腹诸部,然后随教随以实物相示(第73页)。所以,民国十四年他在康奈尔大学跟

着几位名教授研究遗传育种的时期,他自己记载:

> 余在田间工作,除论文材料外,随助教做小麦、蔬菜、牧草等实地育种工作,并随教授旅行实地检查改良品种之纯杂,由此得尽窥遗传育种与推广之底蕴。
> ……盖教室与实验室所得均为遗传原理,非经此实习,不知田间技术之诀窍,则回国后做实地育种工作必感困难。康大教授与助教常谓余曰:"汝能实地苦干,诚与众不同也"(第83页)。

这种"手脑并用"的实地苦干,是沈先生做学问有大成就的秘诀,是他在金陵大学任教时能造就许多优良的农业人才的秘诀,是他后来担任农业实验所所长时能为国家奠定农业科学化及农业推广制度的秘诀。而这个成功秘诀的来源就在他"生长农村,自幼帮助家中农事、牧牛、车水、除草、施肥、收获、晒谷、养蚕、养鸡"的活经验与好习惯。

总而言之,这本自传的最大贡献在于肯说老实话,平平实实的老实话,写一个人,写一个农村家庭,写一个农村社会,写几个学堂,就都成了社会史料和社会学史料、经济史料、教育史料。

沈先生写他自己的宗教经验,也是很老实的记录,所以很能感动人。他描写一位徐宝谦先生,使我很感觉这个人可敬可爱。这本书里叙述的沈先生自己信仰基督教的经过,因为也都是一个老实人的老实话,所以也有宗教史料的价值。

我很郑重的介绍这本自传给全国的青年朋友。

胡适　1954年12月13日夜
(原载1955年1月台北《自由中国》第12卷第1期)

《中年自述》序

这是沈宗瀚先生的第二部自传,写的是他卅三岁到五十一岁的工作。承他的好意,老远的把稿子寄给我看。我是到处劝告朋友写自传的,所以对于他的第二本自传也感觉很大的兴趣。

我在前年,曾写信给沈先生,说:

> 一切自传,最特殊的部分必定是幼年与少年时代。写到入世做事成名的时期,就不能不有所顾忌,不能不"含蓄""委婉"了。

沈先生的第二本自传正是他入世做事的时期,他写信给我,说他很承认我前年说的话是"名言"。他说,在这一本稿子里,他写到"与他人有关系的事实,就往往难于取舍,苦于措词了"。

虽然如此，我觉得沈先生这本自传还是很有价值的，还是有历史价值的。因为他的卅三岁到五十一岁正当中华民国十六年到三十四年，正当公历1927年到1945年，——这十八年是我们国家和民族的历史上一个非常重要的时期，是值得一切做过一番事业的人们各各留下一点记录的。

这十八年的中国历史可以分作两段：前十年——民十六到民廿六——是国民政府建立后的第一个十年，是中国近代历史上最有建设成绩的十年。后八年——民廿六到民卅四——是中华民族对日本抗战的八年。这两个阶段都应该有很详细确实的纪录；都应该有从各个方面，从种种不同的角度，作详实描写的记录。

沈先生这本自传分两个部分，正是从他个人的角度分别的记录这两个历史阶段。第一部分只有两章，写的是民十六到民廿六的十年之中的中国教育史的一页，和中国科学研究发达史的一页。第二部分共有九章，写的是中国抗战时期的农业增产，粮食政策，农学试验等方面的努力。

我们因为经过了最近十八九年的痛苦，往往忘记了民国十六年到廿六年的十年里的全国公私各个方面的建设成绩。又因为十年苦干的一点建设成绩好像很容易的就被毁灭了，我们就往往有一种错误的见解，往往把大毁坏以前的努力工作都看作没有多大价值了。因为这两种原因,近年写历史的朋友们往往不大注意那十年的公私各方面的建设工作。也因为这两种原因,我们应该特别欢迎沈宗瀚先生这个自传的前两章。这两章写的是他个人在金陵大学农学院的教学生活,和他在中央农业实验所的研究工作。但这两章的记录同时也使我们明了那十年里的中国农业教育和农业科学研究的进步情形。

民国三年以后的中国农业教学和研究的中心是在南京。南京的中心先在金陵大学的农林科,后来加上南京高等师范学校的农科。这就是后来金大农学院和东南大学(中央大学)的农学院。这两个农学院的初期领袖人物都是美国几个著名的农学院出身的现代农学者,他们都能实行他们的新式教学方法,用活的材料来教学生,用中国农业的当前困难问题来做研究。金大的农林科是民国三年创办的,南高的农科是民国七年成立的。沈先生告诉我们:

……民国三年,金大美籍数学教授裴义理(Joseph Bailie)住在鼓楼宿舍,夜听江北难民啼哭,激动了慈悲心,遂设法取得华洋义赈会捐款,雇用难民,在紫金山造林,以工代赈。继感农林人才缺乏,乃创设农林科。民国三年秋,芮思娄(J. H. Reisner)自美国康奈尔大学农学院毕业,来金大教授农业功课。

……(自民国五年起)芮氏任科长十五年,努力造成一个研究中国农业与训练中国学生的农学院。……

从这样简陋的开始,——从"雇用江北难民在紫金山造林,以工代赈"开始,——在二十多年之内,发达到全中国农业科学的教育研究的一个最重要中心,——全中国作物品种改良的最重要中心:这一段历史是中国科学发达史的一页,是中华民国教育建设史的一页,是很值得记载的。

最可惋惜的是这二十多年里的许多农业科学工作者至今都还没有留下多少有系统的记载。沈宗瀚先生的两部自传里记录的许多农学家,——从已死的金仲藩、过探先,到青年一辈的蒋彦士、马保之——他们都太懒于执笔了,或太谦虚了,到今天还没有写出他们知道最多又认识最深的工作记录。

其中只有沈宗瀚先生,他一生苦干,从没有懒于执笔的毛病;写"自述"又是他的"宿愿",他从没有太谦虚的毛病。他自信他少年时代的刻苦求学是值得记录的;他自信他壮年时代的农业教学研究也是值得记录的。所以他不但很详细的记录了他自己在金大农学院教学的生活和他在中央农业实验所工作的生活,并且使我们透过他的自传,得着那十年

（民十六到廿六）之中的中国农业科学猛进的大致情形。

从沈先生的自传里，我们可以看见那以南京为中心的中国现代农学研究，曾经过几个发展的步骤。那短短的十年，就可以分作三个时期：

  第一时期（民国十一年已开始）是金大农学院与康奈尔大学农学院与纽约洛氏基金会三方合作，成立"中国作物改良合作事业"的时期。合作的中心在金大农学院。

  第二时期（民二十到廿三）是浙江省政府发起的江苏浙江两省作物改良合作的时期，合作的事业已超出学校的范围了。

  第三时期（民廿一到廿六）是中央政府设立中央农业实验所的时期，用科学研究为基础来改良全国的农业，——特别是成立全国稻麦改进所，计划全国的粮食自给。

这三个阶段的农学研究推广的历史，就是中国现代农业建设的历史，也就是中国民族的现代建设史的很重要的一页了。

沈先生写的只是他知道最亲切的一页。他的榜样是值得他的农学师友弟子们的仿效的，——特别是钱天鹤先生，谢家声先生，邹秉文先生，以及他们的徒弟们如蒋彦士先生，马保之先生，……。他们都有各各补写自己知道最亲切有味的一页的义务。此外，手创金大农学院的芮思娄（Reisner）先生，亲自来中国主持作物品种改良事业多年的洛夫（H. H. Love）先生，也都应该为中国农学史留下他们自己最感兴趣的一页。

那十年是中华民族在国家最危险的状态之下埋头苦干，努力建设的十年。不但农学工作者应该学学沈先生不太谦虚的好榜样，写出他们的工作记录。那十年之中，在一切方面埋头苦干的许多许多工作者，也都应该学学沈先生，不要太谦虚，都应该写出他们的自传。最好的一个例子就是沈先生的同事，我的老同事，老上司，蒋孟邻先生。他若肯用"不太谦虚"的态度来写他七十年的自述，那部自传一定可以给我们增添许许多多有趣味的史料。单说我自己记忆最清楚的六年（民二十年到廿六）里，孟邻先生受了政府的新任命，回到北京大学去做校长，那时他有中兴北大的决心，又得到中华教育文化基金的援助，他放手做改革的事业，向全国去挑选教授与研究的人才，在八个月的筹备时间里居然做到北大的中兴。我曾在《北大五十周年》一文里略述他在那六年里的作风：

……他是一个理想的校长,有魄力,有担当。他对我们三个院长说:"辞退旧人,我去做。选聘新人,你们去做。"……

这样的一个理想的校长,他不应该学学我和沈宗瀚的不太谦虚的榜样,给那六年的北大留下他最关切,最了解的一页苦干史吗?

沈先生的自传的第二部分(第三章到第十一章)写的是中国抵抗日本侵略的八年苦战时期的一个农业学者在后方的工作。这八年当然是最值得回忆,最值得详细描写的一个悲壮时代。最可惜的是,——也许是因为那八年的生活太艰苦了,也许是因为"苦尽甘来"的时间太短了,——那个时代的传记资料实在太少,自传的资料也实在太少(至少我看见的已发表的史料与传记资料实在太少)。所以我很感谢沈先生,感谢他在这九章里给这个悲壮的八年留下了一些很可纪念的史料。

在这八年里(民廿六到卅四),他"专任中央农业实验所的职务,兼任有关战事的农业工作。"他的"有关战事的农业工作"就是军事委员会第四部的粮食组的副组长。他在第三章里指出当时急需解决的问题就是在战时海口封锁之下,如何在大后方"增产米麦与杂粮,以供给军粮与民食。"他的第一件任务就是协助贵州省政府改良农业。他的第二件任务就是改任中农所的副所长,要协助四川、云南、贵州、广西、湖南、湖北、陕西、河南诸省的农业改良。后来他也曾参预粮食管理的政策。

关于这些大问题,他的记载应该可以供给将来的史家不少的直接史料。我在这篇短序里,只能指出几件最使我感觉兴趣的事实。

一件是他和他的夫人沈骊英女士终身最注意的小麦良种。沈先生是"金大二九〇五"小麦的改良者。沈女士是"中农廿八"小麦的改良者,又曾费九年的功力主持小麦杂交育种的实验工作。民国三十一年五月一日,沈先生同农林部的沈部长从成都到金堂,沿途的农产品以小麦为主,农民种的"金大二九〇五"小麦很多。汽车开的很快,沈先生远远地就望见他自己改良的小麦了。他对沈部长说:

> 我自民国十五年起,培植此麦,年年播种,除草,观察,收获。好像亲生的儿子,异地相逢,倍感亲热……

他又说:

> 从南京到安徽南宿州,在抗战前已多种此麦。现自金堂到陕西汉中亦多种此麦。每亩产量较农家小麦多百分之十五左右。……这是我在工作上所得的最大安慰。

在沈女士去世之前,她改良的"中农廿八"小麦已表现了很好的成绩了,——产量比农家小麦多百分之二十左右。她的"杂交小麦九品种"比"中农廿八"的成绩更好。但她得了脑充血的病,突然死了,竟不能看到她的杂交小麦的最后成绩了。

一件是沈先生记载民国二十七年他在云南开远考察木棉的经验,那地方有位傅植先生,在民国八年,他看见关帝庙里有一株不知来历的木棉,他采下种子,种了四十多株。二十年后,关帝庙的老木棉早被人砍去了,傅植先生种的四十多株木棉就成了开远最老的木棉。从这些木棉的种子发生的木棉,遍地都是,有二十年生,八年生,三年生,二年生,一年生的。据沈先生的记载,开远的木棉自第三年开始丰产,一年两次开花,两次吐絮,棉地每亩一年可收子棉四百斤左右。

沈先生记载开远的木棉就写了三千字以上,这是这本自传里最有趣味的一大段文字。和他同到开远的农学家冯泽芳先生说:云南的回教徒往往到埃及亚拉伯去巡礼,关帝庙的那一株木棉可能是从埃及输入的。一株偶然输入的木棉,在二十多年后,发生了近万株的木棉,就成了战时中国大后方的"至宝"。沈先生的报告当时很引起许多人的注意。"开远,蒙自,元江等县的木棉经中农所改良后,长绒细白整齐,与埃及棉相同,为昆明纱厂高价收买。胜利后供应上海纱厂,棉农获利甚厚。"这种文字是最值得读的。

一件是沈先生记载民国廿八年八月他从重庆到荣昌,在荣昌境内发现黄麻的故事。从前各方的书面报告都说四川省不产黄麻。这一天沈先生远远望见农家有八市尺高的作物,还不敢自信,他走近前去看,果然是黄麻!他调查得荣昌与隆昌两县每年产黄麻就约有六千六百多市担!这个故事也有一千多字,也是很有趣味的材料。

总之,抗战的八年应该有许多值得回忆,值得详细写出的事实。沈先生给我们做了前导,教我们不要太谦虚,教我们各人放大胆子,各自写出那八年里我们认为值得回想的一些实事。这也就是我当年提倡写"自述""自传"的一点用意了。

1956年8月29日晨　胡适
(收入沈宗瀚著:《中年自述》,1957年7月台北正中书局初版。1962年11月再版,再版加印此序的影印手迹)

《施植之先生早年回忆录》序

1927年我在华盛顿第一次劝施植之先生写自传。那时他快满五十岁了,他对我说,写自传还太早。以后二十多年之中,我曾屡次向他作同样的劝告。到了晚年,他居然与傅安明先生合作,写出他的《自定年谱》作自传的纲领。又口述他的早年生活经验,由安明记录下来。安明整理出来的记录,从施先生的儿童时期起,到1914年他第一次出任驻英国全权公使时为止,——就是这一本很有趣味而可惜不完全的自传。

为什么没有全部完成呢?安明说:"施先生开始口述的时候,精力已渐衰了。到1954年秋天他大病之后,他的记忆力更衰退了,他的脑力已抓不住较大的题目了。所以这部自述的记录只到1914年为止,没有法子完成了。"

但是这本小册子还是很可宝贵的。因为这是我们这一位很可爱敬的朋友最后留下来的一点点自述资料。如果没有安明的合作，连这一点点记录都不可得了。

植之先生活了八十岁，安明的记录只到他三十七岁为止。这本记录可以分为两大段落：前一段是他在国内国外受教育的时期；后一段是他从美国回来之后在国内服务的时期（1902—1914）。

植之先生叙述在上海圣约翰书院的经验，就是很有趣味的教育史料。"信教学生免费。非教徒缴纳学费，最初每年八元，后增至十元，至余离校之时增为十二元。校方除供给食宿而外，每年另给小帽一顶，鞋子两双，青布长衫二件，棉袄一件。放学时并给铜钱百文为车费。书籍及医药费用亦由学校供给。"这种追记，和"卜舫济先生留长辫，衣华服，矩步规行"一类的记载，都是史料。

植之先生十六岁时（1893）就跟随出使"美日秘国"钦差大臣杨儒到华盛顿做翻译学生。他在美国留学九年（1893—1902）。他追记这九年的生活，比较最详细。其中最有历史趣味的是他叙述杨儒时代的驻美使馆的内部情形。这种记载，现在已很难得了。

在这九年之中，他曾被驻俄的杨儒钦差邀去俄京圣彼得堡帮了一年（1899）的忙。并且曾随杨儒到海牙出席"弥兵会议"。可惜他没有把这一年的观察和经验讲给安明记录下来。前几天夏晋麟先生邀我午餐，我说起我正在看安明记录的施植之先生的早年自传，夏先生的第一句话就问："有没有他在圣彼得堡和海牙的记录？"我说："可惜没有。"夏先生和在座的几位朋友都很感觉失望。

植之先生1902年在康乃尔大学得文学硕士学位之后，他就回国了。那时他二十五岁。此后他的生活共有三个时代：从1902—1914，这十二三年他在国内服务。从1914到1937年，这二十多年他在国外担负外交的重要任务。1937年以后是他退休的时期，虽然他还替国家做了不少的事。

我们现在所有的记录，除了他的教育历程之外，只有他在国内服务的十二三年的追忆。这十三年的记录里，最精采的只有三大段：第一段是他在武昌张之洞幕府里的经验。第二段是他做京汉铁道总办时期的改革。第三段是他在哈尔滨做滨江关道的二十六个月的改革。

在这三大段里，植之先生特别叙述一位毕光祖先生的为人，特别记载这位毕先生给了他很多的指导和帮助。植之先生说：

> 蓝皮……文案中有毕光祖先生，字枕梅，嘉定人。毕先生改正之后，往往为余详加解说。尝谓余曰："文章贵在理路清楚，不必作四六骈体，但求辞简意明。古人

所谓辞达而已矣。"

他又说：

  毕先生劝余处事要脚踏实地，其公牍圆到，其为人赤诚，其见解高超，皆为余生平所服膺。余以一出洋学生，对国内情形隔膜，而能服官州县（滨江关道系地方官），数年得无陨越者，多有赖于毕先生匡助之力也。

这部自述里，屡次这样热诚的称许毕先生的助力。

植之先生在滨江关道任凡二十六个月，他的成绩是当时中外人士都很称赞的。他自己也说：

  英国驻哈尔滨领事SIY尝告同僚云：此间交涉事项宜多迁就施道台，使其久于其任，施道台若离任，其规模办法必皆随之俱去。因其方法甚新，同时中国官吏不能行其法也。

我在许多年之后，也曾听美国朋友顾临先生（Roger S. Greene）说，当时他也在哈尔滨，亲自看见施先生的政治作风，他很佩服。顾临先生说："那个时候（1908—1910年）离日俄战争才不过几年,中国官吏能在北满洲建树起一点好成绩,为中国争回不少的权利,是不容易的事,是值得留下一点永久的纪录的。"我也曾把顾临先生的话转告植之先生,作为我劝他写自传的一个理由。

现在,他的哈尔滨时期的回忆录有了安明的笔记,我们只看见植之先生处处归功于那位毕光祖先生。他说:

> 余在(滨江关道)任二十六个月。……经办事务烦而且重,前任后任无一终局者。余以出洋学生久任此职得无陨越者,得力于毕先生者甚大。就任之始,毕先生告余曰:道署之人,不必多换,"就生不如就熟"。只要长官不贪,下属焉敢舞弊?……余到任后,未换旧人,而前弊俱去。盖因余本人于薪俸公费之外,不纳分文额外收入。此亦得力于毕先生"脚踏实地"之教也。

他记载张勋的兵士正法一案,又说:

> 此案乃毕先生经办。其人思虑周详,文笔圆到。余任内重要公文皆出其手。时人多称道之,每谓余以出洋学生而公事熟悉如此,诚属难能可贵。实皆毕先生之功也。

我们读施先生称述毕先生"匡助之力"的几段文字，我们都觉得这位"为人赤诚而见解高超的文案先生确是很可以佩服的"。——但我们同时也不能不感觉这几段文字都可以表现出植之先生自己的伟大风度，他能认识这位毕先生，他肯虚心请他修改文字，肯虚心听他详加解说，肯虚心请他去帮他自己办公事，肯全权信任他至十多年之久，使他能够充分发展他的才能来做他最得力的助手；这都是植之先生一生最可爱的美德。我们看他四五十年之后还念念不忘的说："我当年的一点点成绩实皆毕先生之功"，"实多有赖于毕先生匡助之力"。这样的终身不忘人之功，这样的终身把自己的成功归美于匡助他的朋友，——这种风度是足以使人死心塌地的帮他的忙了。

胡适　1958.10.22夜，在离开纽约的前七日
（收入《施植之先生早年回忆录》，1958年台北施肇基遗族印本。又载1960年1月台北《自由谈》第11卷第1期）

《王小航先生文存》序

去年9月,我来到北平,借住在大羊宜宾胡同任叔永家中。10月8日,有一位白头老人来访,我不在寓,他留下了一大包文字,并写了一张短条子留给我。我看了他的字条才知道他是三十多年前的革新志士,官话字母的创始人,王小航先生(照)。我久想见见这位老先生,想不到他先来看我了。第二天,我把他留下的文稿都读完了,才又知道这位七十二岁的老新党,在思想上,还是我的一个新同志。他在杂志上见着梁漱溟先生和我辩论的文字,他对我表示同情,所以特地来看我。我得着他的赞许,真是受宠若惊的了。

第三天,我到水东草堂去看王先生,畅谈了一次。我记得他很沉痛的说:"中国之大,竟寻不出几个明白的人,可叹可叹!"我回来想想,下面没有普及教育,上面没有高等教育,明白的人难道能从半空里掉下来?然而平心说来,国中明白的人也并非完全没有。只因为他们都太聪明了,都把利害看的太明白了,所以他们都不肯出头来做傻子,说老实话。这个国家吃亏就在缺少一些敢说老实话的大傻子。

王小航先生就是一个肯说老实话的傻子。他在"贤者之责"一篇的末段有这八个字:

朋友朋友,说真的吧!

我去年10月读了这八个字,精神上受着很大的感动。这八个字可以代表王先生四十年来的精神,也可以代表王先生这四卷文存的精神。读这四卷文字的人尽可以不赞成王先生的思想,但总应该对他这点敢说真话的精神表示深重的敬礼。

"说真的吧",这四个字看来很平常,其实最不容易,必须有古人说的"贫贱不能移,富贵不能淫,威武不能屈"的精神,方才敢说真话。在今日的社会,这三个条件之外,必须还要加上一个更重要的条件,就是要"时髦不能动"。多少聪明人,不辞贫贱,不慕富贵,不怕威权,只不能打破这一个关头,只怕人笑他们"落伍"!只此不甘落伍的一个念头,就可以叫他们努力学时髦而不肯说真话。王先生说的最好：

> 时髦但图耸听，鼓怒浪于平流。自信日深，认假语为真理。

其初不过是想博得台下几声拍掌，但久而久之，自己麻醉了自己，也就会认时髦为真理了。

王先生在戊戌六月，——在拳匪之祸爆发之前两年，——即已提倡"国人知能远逊彼族，议论浮伪万难图存"的反省议论。庚子乱后，他还是奉旨严拿的钦犯，他躲在天津，创作官话字母，想替中国造出一种普及教育的利器。他冒生命的危险，到处宣传他的拼音新字，后来他被捕入狱两月余，释放后仍继续宣传新字。到了民国元年，他在上海发表《救亡以教育为主脑论》，主张教育之要旨在于使人人有生活上必须之知识；主张教育是政治的主脑，而一切财政外交边防等等都只是所以维持国家而使这教育主义可以实现的工具。到了民国十九年，他作《实心救国不暇张大其词》一文，仍只是主张根本之计在于普及教育。这都像是老生常谈，都是时髦人不屑谈的话。但王先生问我们：

> 天下事那有捷径？

我们试听他老人家讲一段故事：

戊戌年，余与老康（有为）讲论，即言"……我看止有尽力多立学堂，渐渐扩充，风气一天一天的改变，再行一切新政。"老康说："列强瓜分就在眼前，你这条道如何来的及？"迄今三十二年矣。来得及，来不及，是不贴题的话。

我盼望全国的爱国君子想想这几句很平凡的真话，想想这位"三十余年拙论不离普及教育一语"的老新党，再问问我们的政府诸公：究竟我们还得等候几十年才可有普及教育？

民国二十年五月三十一夜　胡适　敬序
（收入王照著：《水东集初编—小航文存》，此书为刻印本，1930年仲夏开雕）

《小雨点》序

莎菲的小说集快出版了,她写信来说,她很希望我也写几句话作一篇小序。我很高兴写这篇小序,因为这几篇小说差不多都和我有点关系,并且都是很愉快的关系。十篇之中,大部分都是最先在我编辑的杂志上发表的,如《一日》等篇见于《留美学生季报》,《小雨点》见于《新青年》,《孟哥哥》等篇见于《努力周报》。《洛绮思》一篇的初稿,我和叔永最先读过,叔永表示很满意,我表示不很满意,我们曾有很长的讨论,后来莎菲因此添了一章,删改了几部分。《一支扣针》,我似乎不曾得读原稿;但我认得这故事的主人,去年我在美洲还去拜望她,在她家里谈了半天。

我和莎菲、叔永,人家都知道是《尝试集》里所谓"我们三个朋友"。我们的认识完全起于文字的因缘。叔永在他的序里已提及当时的一件最有趣的故事了。(但叔永说,"我不晓得适之当时是否已经晓得莎菲此作,而故意做一种迷离惝恍的说话"。这句话是冤枉的。因为当时我确不曾有先读此诗的好福气,但因为叔永寄来要我猜是不是他做的,引起了我的疑心,故一猜便猜中了。)

我在美国的最后一年,和莎菲通了四五十次信,却没有见过她,直到临走之前,我同叔永到藩萨大学去看她,才见了一面。但我们当初几个朋友通信的乐趣真是无穷。我记得每天早上六点钟左右,我房门上的铃响一下,门下小缝里"哧"、"哧"地一封一封的信丢进来,我就跳起来,检起地下的信,仍回到床上躺着看信。这里面总有一信或一片是叔永的,或是莎菲的。

当时我是《留美学生季报》的编辑,曾有信去请莎菲作文,她回信说:

"我诗君文两无敌"(此句是我送叔永的诗),岂可舍无敌者而他求乎?

我答她的信上有一句话说:

细读来书,颇有酸味。

她回信说:

请先生此后勿再"细读来书",否则发明品将日新月盛也,一笑。

我答她一首打油诗道:

不细读来书,怕失书中味。
若细读来书,怕故入人罪。
得罪寄信人,真不得开交。
还请寄信人,下次寄信时,声明读几遭。

我记此一事,略表示当日几个朋友之间的乐事。

当时我们虽然不免偶然说点天真烂缦的玩笑,但我们最关心的还是一个重要问题的讨论。那时候,叔永、梅觐庄、朱经农都和我辩论文学革命的问题;觐庄是根本反对我的,叔永与经农也都不赞成我的主张。我在美国的时候,在这个问题上差不多处于孤立的地位。故我在民国五年八月四日有答叔永书云:

我此时练习白话韵文,颇似新辟一文学殖民地。可惜须单身匹马而往,不能多得同志结伴同行。然吾志已决。公等假我数年之期,……倘幸而有成,则辟除荆棘之后，……当开放门户，迎公等同来莅止耳！……

又8月23日，我作《蝴蝶》诗云：

> 两个黄蝴蝶，双双飞上天。
> 不知为什么，一个忽飞还。
> 剩下那一个，孤单怪可怜。
> 也无心上天，天上太孤单。

这首诗在《尝试集》初版里题作"朋友"，写的是我当时自己感觉的寂寞。诗中并不指谁，也不是表示我对于朋友的失望，只表示我在孤寂之中盼望得一个半个同行的伴侣。

民国五年七八月间，我同梅、任诸君讨论文学问题最多，又最激烈。莎菲那时在绮色佳过夏，故知道我们的辩论文字。她虽然没有加入讨论，她的同情却在我的主张的一方面。不久，我为了一件公事就同她通第一次的信；以后我们便常常通信了。她不曾积极地加入这个笔战；但她对于我的主张的同情，给了我不少的安慰与鼓舞。她是我的一个最早的同志。

当我们还在讨论新文学问题的时候，莎菲却已开始用白话做文学了。《一日》便是文学革命讨论初期中的最早的作品。《小雨点》也是《新青年》时期最早的创作的一篇。民国六年以后，莎菲也做了不少的白话诗。我们试回想那时期新文学运动的状况，试想鲁迅先生的第一篇创作——《狂人日记》——是何时发表的，试想当日有意作白话文学的人怎样稀少，便可以了解莎菲的这几篇小说在新文学运动史上的地位了。

所以我很高兴地写这篇小序，给读者知道这几篇小说是作者这十二年中援助新文学运动的一部分努力。

十七，三，二一

（收入陈衡哲著：《小雨点》，1928年4月上海新月书店初版）

先母行述（1873—1918）

先母冯氏，绩溪中屯人，生于清同治癸酉四月十六日，为先外祖振爽公长女。家世业农，振爽公勤俭正直，称于一乡；外祖母亦慈祥好善；所生子女禀其家教，皆温厚有礼，通大义。先母性尤醇粹，最得父母钟爱。先君铁花公元配冯氏遭乱殉节死，继配曹氏亦不寿，闻先母贤，特纳聘焉。

先母以清光绪己丑来归，时年十七。明年，随先君之江苏宦所。辛卯，生适于上海。其后先君转官台湾，先母留台二年。甲午，中东事起，先君遣眷属先归，独与次兄觉居守。割台后，先君内渡，卒于厦门，时乙未七月也。

先母遭此大变时，仅二十三岁。适刚五岁。先君前娶曹氏所遗诸子女，皆已长大。先大兄洪骏已娶妇生女，次兄觉及先三兄洪骓（孪生）亦皆已十九岁。先母内持家政，外应门户，凡十余年。以少年作后母，周旋诸子诸妇之间，其困苦艰难有非外人所能喻者。先母一一处之以至诚至公，子妇间有过失，皆容忍曲喻之；至不能忍，则闭户饮泣自责；子妇奉茶引过，始已。

先母自奉极菲薄，而待人接物必求丰厚；待诸孙皆如所自生，衣履饮食无不一致。是时一家日用皆仰给于汉口、上海两处商业，次兄觉往来两地经理之。先母于日用出入，虽一块豆腐之细，皆令适登记，俟诸兄归时，令检阅之。

先君遗命必令适读书。先母督责至严，每日天未明即推适披衣起坐，为缕述先君道德事业，言，"我一生只知有此一个完全的人，汝将来做人总要学尔老子。"天明，即令适着衣上早学。九年如一日，未尝以独子有所溺爱也。及适十四岁，即令随先三兄洪至上海入学，三年始令一归省。人或谓其太忍，先母笑颔之而已。

适以甲辰年别母至上海，是年先三兄死于上海，明年乙巳先外祖振爽公卒。先母有一弟二妹，弟名诚厚，字敦甫，长妹名桂芬，次妹名玉英，与先母皆极友爱。长妹适黄氏，不得于翁姑。先母与先敦甫舅痛之，故为次妹择婿甚谨。先母有姑适曹氏，为继室；其前妻子名诚均者，新丧妇。先母与先敦甫舅皆主以先玉英姨与之，以为如此则以姑侄为姑媳，定可相安。先玉英姨既嫁，未有所出，而夫死。先玉英姨悲伤咯血，姑又不谅，时有责言，病乃益甚，又不肯服药，遂死。时宣统己酉二月也。

姨病时，先敦甫舅日夜往视，自恨为妹主婚致之死，悼痛不已，遂亦病。顾犹力疾料理丧事，事毕，病益不支，腹胀不消。念母已老，不忍使知，乃来吾家养病。舅居吾家二月，皆先母亲侍汤药，日夜不懈。

先母爱弟妹最笃，尤恐弟疾不起，老母暮年更无以堪；闻俗传割股可疗病，一夜闭户焚香祷天，欲割臂肉疗弟病。先敦甫舅卧厢室中，闻檀香爆炸，问何声。母答是风吹窗纸，令静卧勿扰。俟舅既睡，乃割左臂上肉，和药煎之。次晨，奉药进舅，舅得肉不能咽，复吐出，不知其为姊臂上肉也。先母拾肉，持出炙之，复问舅欲吃油炸锅巴否，因以肉杂锅巴中同进。然病终不愈，乃舁舅归家。先母随往看护。妗氏抚幼子，奉老亲；先母则日侍病人，不离床侧。已而先敦甫舅腹胀益甚，竟于己酉九月二十七日死，距先玉英姨死时，仅七阅月耳。

先是吾家店业连年屡遭失败，至戊申仅余汉口一店，已不能支持内外费用。己酉，诸兄归里，请析产，先母涕泣许之；以先长兄洪骏幼失学，无业，乃以汉口店业归长子，其余薄产分给诸子，每房得田数亩，屋三间而已。先君一生作清白吏，俸给所积，至此荡尽。先母自伤及身见家业零败，又不能止诸子离异，悲愤咯血。时先敦甫舅已抱病，犹力疾为吾家理析产事。事毕而舅病日深，辗转至死。先母既深恸弟妹之死，又伤家事衰落，隐痛积哀，抑郁于心；又以侍弟疾劳苦，体气浸衰，遂得喉疾，继以咳嗽，转成气喘。

时适在上海，以教授英文自给，本拟次年庚戌暑假归省；及明年七月，适被取赴美国留学，行期由政府先定，不及归别，匆匆去国。先母眷念游子，病乃日深。是时诸兄虽各立门户，然一切亲戚庆吊往来，均先母一身揩拄其间。适远在异国初尚能节学费，卖文字，略助家用。其后学课益繁，乃并此亦不能得。家中日用，皆取给于借贷。先母于此六七年中，所尝艰苦，笔难尽述。适至今闻邻里言之，犹有余痛也。

辛亥之役，汉口被焚，先长兄只身逃归，店业荡然。先母伤感，病乃益剧。然终不欲适辍学，故每寄书，辄言无恙。及民国元二年之间，病几不起。先母招照相者为摄一影，藏之，命家人曰，"吾病若不起，慎勿告吾儿；当仍倩人按月作家书，如吾在时。俟吾儿学成归国，乃以此影与之。吾儿见此影，如见我矣。"已而病渐愈，亦终不促适归国。适留美国七年，至第六年后始有书促早归耳。

民国四年冬，先长姊与先长兄前后数日相继死。先长姊名大菊，年长于先母，与先母最相得。先母尝言，"吾家大菊可惜不是男子。不然，吾家决不至此也。"及其死，先母哭之恸。又念长嫂二子幼弱无依,复令与己同爨。先三兄洪骍出嗣先伯父,死后三嫂守节抚孤,先母亦令同居。盖吾家分后,至是又几复合。然家中担负日增,先母益劳悴,体气益衰。

民国六年七月,适自美国归。与吾母别十一年矣。归省之时,慈怀甚慰,病亦稍减。不意一月之后,长孙思明病死上海。先长兄遗二子,长即思明,次思齐,八岁忽成聋哑。先母闻长孙死耗,悲感无已。适归国后,即任北京大学教授;是年冬,归里完婚,婚后复北去,私心犹以为先母方在中年,承欢侍养之日正长;岂意先母屡遭患难,备尝劳苦,心血亏竭,体气久衰,又自奉过于俭薄,无以培补之;故虽强自支撑,以慰儿妇,然病根已深,此别竟成永诀矣。

溯近年先母喘疾,每当冬春二季辄触发,发甚或至呕吐。夏秋气候暖和,疾亦少闲。今冬(七年)旧疾初未大发,自念或当愈于往岁。不料新历11月11日先母忽感冒时症,初起呕逆咳嗽,不能纳食;比即延医服药,病势尚无出入;继被医者误投"三阳表劫"之剂,心烦自汗,顿觉困惫;及请他医诊治,病已绵惙,奄奄一息,已难挽回;遂于11月23日晨一时,弃适等长逝,享年仅四十有六岁。次日,适在京接家电,以道远,遂电令侄思永、思齐等先行闭殓,即与妻江氏,及侄思聪,星夜奔归。归时,殓已五日矣。

先母所生，只适一人，徒以爱子故，幼岁即令远出游学；十五年中，侍膝下仅四五月耳。生未能养，病未能侍，毕世劬劳未能丝毫分任，生死永诀乃亦未能一面。平生惨痛，何以加此！伏念先母一生行实，虽纤细琐屑不出于家庭闾里之间，而其至性至诚，有宜永存而不朽者，故粗叙梗概，随讣上闻，伏乞矜鉴。

（此篇因须在乡间用活字排印，故不能不用古文。我打算将来用白话为我的母亲做一篇详细的传。）

十，六，二五